Comunicación Asertiva:

- Viaje hacia la Maestría Relacional -

Adquiere Tácticas de Conversación, Potencia tu Crecimiento Personal, Aprende el Arte del "No" y Crea Relaciones Exitosas y Duraderas

por Alessio Bianco

SOMMARIO

PREFACIO

Estimado lector,

te encuentro aquí, en estas páginas, en un momento en el que la necesidad de conexión auténtica y comunicación efectiva es más urgente que nunca. Cada día nos enfrentamos a un laberinto de conversaciones, un intrincado entramado de interacciones humanas que moldean nuestro mundo y nuestra percepción de él.

"Y, sin embargo, ¿cuántas veces nos hemos encontrado atrapados en malentendidos, conflictos evitables o simplemente en una falta de conexión emocional con los demás?"

Es un viaje que todos hacemos, a través de momentos de confrontación y armonía, de comprensión y malentendidos. Pero, ¿qué podemos hacer para navegar con éxito estas aguas turbulentas de la comunicación? ¿Cómo podemos transformar nuestros encuentros diarios en oportunidades de crecimiento y conexiones más profundas?

Aquí es donde entra en juego la "comunicación asertiva", un arte antiguo y, sin embargo, siempre actual, que se traduce en una interacción consciente, respetuosa y auténtica con el mundo que nos rodea. Ser asertivo no solo significa expresar nuestros pensamientos y sentimientos de manera clara y directa, sino también escuchar con empatía, respetar los límites de los demás y buscar soluciones que satisfagan a ambas partes.

Te invito a considerar cuán transformadora podría ser esta perspectiva. Imagina ser capaz de navegar a través de tus conversaciones diarias con confianza y claridad, de ser escuchado y respetado, de construir relaciones más profundas y significativas con quienes te rodean. Este es el poder de la comunicación asertiva.

Pero no te dejes engañar por su aparente simplicidad. Ser asertivo requiere práctica, compromiso y conciencia. Es un viaje que comienza desde el interior, desde el descubrimiento y la aceptación de uno mismo, de nuestros miedos e inseguridades, para luego extenderse hacia el exterior, hacia el mundo que nos rodea.

A través de estas páginas, exploraremos juntos los principios fundamentales de la comunicación asertiva, examinaremos los desafíos comunes que encontramos en el camino y descubriremos técnicas y ejercicios prácticos para cultivar esta habilidad esencial.

Te invito a emprender este viaje conmigo. Te prometo que no siempre será fácil, pero sin duda será gratificante. Encontrarás momentos de profunda reflexión y de iluminación repentina, de desafío y de crecimiento personal. Pero, sobre todo, encontrarás la posibilidad de transformar tu comunicación y, en consecuencia, tu vida.

Estamos solo al comienzo de este viaje, y estoy ansioso por ver a dónde nos llevará. Prepárate para dejar atrás viejos hábitos y abrazar una nueva era de conexión y comprensión.

A tu crecimiento y éxito,

Alessio Bianco

CAPÍTULO I

INTRODUCCIÓN A LA COMUNICACIÓN ASERTIVA: FUNDAMENTOS Y PRINCIPIOS CLAVE

Definición de Comunicación Asertiva

La comunicación asertiva es un aspecto fundamental de nuestra vida cotidiana y de las relaciones interpersonales. Es una manera de comunicar en la que se expresa claramente el propio pensamiento, los propios sentimientos y opiniones de manera directa, respetuosa y honesta, sin violar los derechos de los demás. La comunicación asertiva requiere un equilibrio entre la expresión de las propias necesidades y deseos y el respeto por los demás. La palabra "asertivo" proviene del término latino "asserere", que significa "afirmar". Cuando somos asertivos, nos afirmamos como individuos, haciendo sentir nuestra voz y defendiendo nuestros derechos sin agredir ni someternos a los demás. La comunicación asertiva es una habilidad que se puede aprender y desarrollar, permitiendo una mayor conciencia de sí mismo y una mejor gestión de las relaciones. La importancia de la comunicación asertiva en la vida cotidiana es evidente en muchos contextos. En las relaciones personales, ser asertivos nos permite expresar nuestras necesidades emocionales y relacionales, contribuyendo a crear vínculos más fuertes y significativos con los demás. Además, nos ayuda a evitar conflictos o resentimientos ocultos, ya que somos capaces de abordar abiertamente los asuntos que nos conciernen. En el contexto laboral, la comunicación asertiva es igualmente crucial. Permite comunicar de manera clara y respetuosa con colegas, superiores o subordinados, favoreciendo una mayor comprensión mutua y una colaboración más efectiva. Ser asertivos en el lugar de trabajo también puede aumentar la confianza en uno mismo y la autoestima, contribuyendo así a un crecimiento profesional y a una excelente gestión de las responsabilidades. La comunicación asertiva también tiene un impacto positivo en nuestra salud mental y emocional. Cuando logramos expresar lo que sentimos y pensamos, sin miedo a ser juzgados o rechazados, reducimos el estrés y la ansiedad relacionados con la ira reprimida o la acumulación de emociones negativas. Además, la asertividad promueve una mayor autenticidad e integridad personal, permitiéndonos vivir de acuerdo con nuestros valores y convicciones. Para desarrollar una comunicación asertiva, es importante comprender algunos principios clave. En primer lugar, debemos ser conscientes de nuestros propios derechos, reconociendo que somos dignos de respeto y consideración. Esto nos permite afirmar nuestras necesidades sin sentirnos culpables o autorizados por los demás. Además, requiere la escucha activa de los demás y la capacidad de reconocer sus emociones y puntos de vista. La empatía y la comprensión mutua son elementos esenciales para una comunicación asertiva efectiva. Por lo tanto, el uso de un lenguaje claro, directo y no agresivo es fundamental para evitar malentendidos y fomentar una comunicación abierta y constructiva.

La comunicación asertiva es una habilidad valiosa que puede mejorar significativamente nuestra vida cotidiana y nuestras relaciones interpersonales. Nos permite expresarnos de manera auténtica mientras respetamos a los demás, favorece la comprensión mutua, la reducción de conflictos y la mejora de nuestra salud mental y emocional. En el próximo capítulo, exploraremos técnicas específicas para desarrollar la comunicación asertiva y manejar situaciones complejas con éxito. Seremos guiados en el camino hacia la maestría relacional, aprendiendo estrategias prácticas para mejorar nuestra capacidad de comunicar de manera asertiva.

A través del aprendizaje de estas tácticas de conversación, adquiriremos herramientas para negociar con confianza, establecer límites saludables, manejar las críticas de manera constructiva y construir relaciones duraderas y gratificantes. El viaje hacia la maestría relacional requiere compromiso y práctica, pero los resultados serán gratificantes.

Serás capaz de comunicarte de manera asertiva, fortaleciendo tu crecimiento personal y desarrollando relaciones exitosas basadas en la claridad, el respeto mutuo y la comprensión.

"¿Listo para comenzar este emocionante camino hacia la comunicación asertiva?"

Ya sea que estés buscando mejorar tus relaciones personales o profesionales, este libro será una guía valiosa para adquirir las habilidades necesarias y alcanzar el arte de la comunicación asertiva.

Historia de la Comunicación Asertiva

Para comprender completamente el concepto de comunicación asertiva, es importante examinar su contexto histórico y teórico. La comunicación asertiva tiene raíces profundas que se remontan a varias disciplinas, incluyendo la psicología, la terapia conductual y la teoría de las relaciones humanas. Al explorar la historia de la comunicación asertiva, podemos apreciar cómo ha evolucionado a lo largo del tiempo.

La psicología y la terapia conductual han jugado un papel significativo en el desarrollo de la comunicación asertiva. En los años 60, muchas teorías psicológicas se centraron en la importancia de la autoestima, la autoafirmación y la comunicación efectiva. La terapia conductual contribuyó al desarrollo de técnicas específicas para mejorar la comunicación asertiva, como el entrenamiento asertivo y el role-playing.

En los años 70, el concepto de comunicación asertiva comenzó a emerger de manera más definida gracias al trabajo de psicólogos como Alberti y Emmons, quienes publicaron el libro "Your Perfect Right" en 1970. Este texto proporcionó una guía práctica para aprender a comunicar de manera asertiva, destacando la importancia de expresar los propios pensamientos y sentimientos de manera directa, respetuosa y no agresiva.

Paralelamente, la teoría de las relaciones humanas desempeñó un papel clave en el desarrollo de la comunicación asertiva. Investigadores en relaciones interpersonales, como Carl Rogers y Virginia Satir, enfatizaron la importancia de la escucha activa, la empatía y la expresión auténtica de los sentimientos. Estas teorías proporcionaron las bases para comprender la importancia de la comunicación asertiva en el contexto de las relaciones.

Con el paso de los años, el concepto de comunicación asertiva ha sido adoptado y profundizado por muchas otras disciplinas. En la teoría del aprendizaje social, por ejemplo, se ha prestado atención a la influencia de los modelos de rol y al aprendizaje de habilidades sociales, incluido el comportamiento asertivo. La comunicación asertiva también ha sido estudiada en el contexto de la negociación y la resolución de conflictos, ya que puede facilitar una comunicación más efectiva y una mayor cooperación.

Es interesante notar que, a lo largo de los años, el concepto de comunicación asertiva ha sido enriquecido y adaptado a diferentes culturas y contextos sociales. Han surgido diversas variantes, como la comunicación asertiva culturalmente sensible, que considera las dinámicas culturales y las normas sociales específicas de diversas comunidades.

Hoy, la comunicación asertiva es reconocida como un aspecto fundamental del bienestar y de las relaciones saludables. Se enseña en programas de formación, talleres y cursos de desarrollo personal en todo el mundo. Sus aplicaciones se extienden a contextos personales, laborales y sociales, ya que promueve la comprensión mutua, la reducción del conflicto y la construcción de relaciones positivas y duraderas.

La historia de la comunicación asertiva refleja la evolución de las teorías psicológicas, las terapias conductuales y las relaciones humanas, ofreciendo un enfoque efectivo para comunicar de manera clara, respetuosa y honesta. El concepto de comunicación asertiva se ha difundido en muchas disciplinas y contextos culturales, contribuyendo a promover una comunicación auténtica, consciente y satisfactoria.

A través de la comunicación asertiva, somos capaces de expresarnos de manera auténtica, escuchar a los demás con empatía y manejar situaciones complejas con respeto y claridad. Esto promueve la autoconciencia y la comprensión de los demás, mejorando la calidad de nuestras interacciones y potenciando nuestro crecimiento personal.

En definitiva, la comunicación asertiva representa un camino de aprendizaje continuo, donde adquirimos habilidades para expresar nuestras necesidades y deseos de manera asertiva, manteniendo un enfoque respetuoso hacia los demás. Este modo de comunicar, basado en la autenticidad y la comprensión mutua, nos permite construir relaciones exitosas y desarrollar una conexión más profunda con las personas que nos rodean.

Principios Clave de la Comunicación Asertiva

La comunicación asertiva se basa en principios fundamentales que guían la manera en que nos expresamos e interactuamos con los demás. Estos principios crean una base sólida para una comunicación efectiva, respetuosa y honesta. A continuación se enumeran y describen los principios clave de la comunicación asertiva:

- **Auto-respeto**: El auto-respeto es un principio fundamental de la comunicación asertiva. Significa reconocer y valorar las propias necesidades, pensamientos, sentimientos y opiniones. Ser asertivos requiere confianza en uno mismo y conciencia de nuestros derechos, sin permitir que otros los violen o supriman. El auto-respeto nos ayuda a expresarnos de manera auténtica y a defender nuestros límites personales.

- **Respeto por los demás**: La comunicación asertiva también implica respeto por los demás. Significa reconocer y considerar los derechos, necesidades y sentimientos de otros individuos. Ser asertivos no significa ser agresivos o dominantes, sino buscar un equilibrio entre la afirmación de uno mismo y el respeto por los demás. El respeto mutuo crea un ambiente de diálogo abierto y propicio para la comprensión mutua.

- **Honestidad**: La honestidad es un principio esencial de la comunicación asertiva. Implica la capacidad de expresar de manera sincera y directa los propios pensamientos, sentimientos y opiniones. Ser honestos requiere valentía y transparencia, evitando el engaño o la manipulación en las interacciones con los demás. La honestidad promueve la confianza y la construcción de relaciones basadas en la sinceridad y la autenticidad.

- **Transparencia**: La transparencia está estrechamente ligada a la honestidad en la comunicación asertiva. Consiste en ser abiertos y claros en nuestras expresiones, evitando ambigüedades o engaños. Ser transparentes significa comunicar de manera directa y sin máscaras, permitiendo que los demás comprendan plenamente lo que intentamos transmitir. La transparencia favorece la claridad y la comprensión mutua.

- **Escucha activa**: La comunicación asertiva también requiere la capacidad de escuchar activamente a los demás. Esto significa dedicar atención e interés genuino a sus palabras, emociones y puntos de vista. La escucha activa permite comprender plenamente a los demás, facilitando una comunicación más efectiva y respetuosa. Ser asertivos también implica responder de manera adecuada y respetuosa a las necesidades de los demás.

- **Empatía**: La empatía es otro principio clave de la comunicación asertiva. Significa tratar de comprender y compartir los sentimientos y experiencias de los demás. La empatía nos ayuda a conectarnos en un nivel emocional más profundo, creando lazos de confianza y comprensión mutua. Ser asertivos requiere la capacidad de ponerse en el lugar de los demás y considerar sus perspectivas.

Integrar estos principios fundamentales en nuestra comunicación diaria es esencial para mejorar la calidad de nuestras relaciones y crear un ambiente de diálogo saludable y constructivo. La comunicación asertiva nos ofrece herramientas para expresarnos de manera respetuosa y honesta, manteniendo al mismo tiempo la disposición a comprender y escuchar a los demás. Cuando desarrollamos estas competencias, podemos promover una comunicación auténtica, consciente y satisfactoria.

La comunicación asertiva contribuye al aumento de la autoestima y la confianza en uno mismo. Cuando somos capaces de expresarnos de manera auténtica y respetuosa, desarrollamos una mayor confianza en nuestras capacidades y en nuestro valor. Por eso, la autoestima y la confianza en uno mismo son fundamentales para el bienestar y el éxito personal. Al desarrollar habilidades asertivas, somos más propensos a tomar decisiones conscientes, perseguir nuestros objetivos con determinación y manejar los desafíos con confianza.

Concluyendo, la comunicación asertiva ofrece numerosos beneficios que influyen positivamente en nuestra vida. Mejora las relaciones, promueve el respeto mutuo, reduce el estrés, favorece una comunicación efectiva y contribuye al aumento de la autoestima y la confianza en uno mismo. Al desarrollar competencias asertivas, podemos vivir de manera más auténtica, construir relaciones significativas y enfrentar los desafíos diarios con equilibrio y positividad.

Desafíos de la Comunicación Asertiva

La comunicación asertiva es un arte que ofrece numerosos beneficios para nuestras relaciones interpersonales y nuestro crecimiento personal. Sin embargo, existen desafíos que pueden dificultar la adopción de un enfoque asertivo en nuestra comunicación diaria. Exploramos estos desafíos comunes y cómo superarlos para mejorar la calidad de nuestras interacciones.

Uno de los principales obstáculos es el miedo al rechazo. A menudo tememos que expresar nuestros pensamientos y sentimientos pueda llevar a una eventual desaprobación o rechazo por parte de los demás. Pero es importante recordar que el rechazo no refleja nuestra autenticidad o nuestro valor personal. Superar este miedo requiere valentía y confianza en uno mismo, para abrazar nuestra autenticidad y comunicar de manera abierta y honesta.

Otro desafío común es la gestión de conflictos. Enfrentar directamente los problemas y las discrepancias puede parecer desalentador, especialmente si estamos acostumbrados a evitar conflictos o a comprometer nuestras necesidades. Sin embargo, la comunicación asertiva nos ayuda a desarrollar habilidades para manejar conflictos de manera constructiva. Esto incluye la escucha activa, el respeto por las opiniones de los demás y la búsqueda de soluciones colaborativas.

Una barrera significativa es superar viejos hábitos de comunicación. A menudo hemos aprendido patrones de comportamiento pasivos o agresivos que obstaculizan la adopción de un estilo asertivo. Es necesario romper conscientemente estos patrones y adquirir nuevas habilidades de comunicación asertiva. Esto requiere un esfuerzo continuo para reconocer y modificar nuestros comportamientos, reemplazando los viejos hábitos con nuevos modelos de comunicación saludable y respetuosa.

Otro desafío es la gestión de emociones intensas. Cuando estamos enojados, frustrados o tristes, puede ser difícil comunicar de manera calmada y respetuosa. Aprender a reconocer y gestionar nuestras emociones es fundamental para una comunicación asertiva efectiva. Esto puede incluir prácticas como la respiración profunda, la conciencia emocional y la búsqueda de espacios seguros para expresar emociones de manera constructiva.

Finalmente, aumentar la conciencia de uno mismo es crucial para la comunicación asertiva. Necesitamos comprender nuestros propios necesidades, valores, límites y sentimientos para comunicarlos de manera efectiva a los demás. Esto requiere un trabajo de auto-reflexión y un compromiso para desarrollar una mayor conciencia de sí mismo. Solo a través de un mejor entendimiento de nosotros mismos podemos comunicar de manera auténtica y equilibrada.

Enfrentar estos desafíos requiere tiempo, dedicación y práctica constante. Podemos comenzar con pequeños pasos, como expresar nuestros pensamientos en situaciones menos amenazantes y gradualmente ampliar nuestra zona de confort. Adquirir habilidades de gestión de conflictos, aprender técnicas de escucha activa y implementar estrategias de manejo del estrés pueden ayudarnos a desarrollar una comunicación asertiva más efectiva.

La comunicación asertiva ofrece numerosos beneficios, pero hay desafíos que enfrentar para abrazar plenamente este estilo de comunicación. Superando el miedo al rechazo, mejorando la gestión de conflictos, rompiendo viejos hábitos, gestionando emociones intensas y aumentando la conciencia de uno mismo, podemos comunicar de manera más auténtica, respetuosa y efectiva. La comunicación asertiva nos permite establecer relaciones más sinceras y satisfactorias, fomentando un crecimiento personal e interpersonal significativo.

La Comunicación Asertiva como Viaje

La comunicación asertiva es mucho más que una simple técnica de comunicación. Es un camino de crecimiento personal y de desarrollo de habilidades relacionales que nos invita a explorar y mejorar la manera en que nos expresamos e interactuamos con los demás. Enmarcar la comunicación asertiva como un viaje nos ayuda a comprender que es un proceso continuo de aprendizaje y transformación, en el que podemos adquirir nuevas competencias y enriquecer nuestras relaciones.

Como cualquier viaje, el camino hacia una comunicación asertiva requiere compromiso, apertura mental y conciencia de sí mismo. Es una aventura que nos invita a explorar nuestros hábitos de comunicación, a enfrentar nuestros miedos y a abrazar el cambio. Durante este viaje, aprenderemos a conectarnos de manera más auténtica con nosotros mismos y con los demás, creando relaciones más sinceras y satisfactorias.

En los capítulos siguientes del libro, exploraremos una variedad de temas y estrategias que nos guiarán en nuestro viaje hacia la comunicación asertiva. Profundizaremos en los principios fundamentales de la comunicación asertiva, exploraremos técnicas prácticas para mejorar nuestras habilidades comunicativas y abordaremos desafíos comunes que pueden surgir en el camino.

Además, exploraremos la importancia de la auto-reflexión y la conciencia de sí mismo como fundamentales para el desarrollo de una comunicación asertiva. Descubriremos cómo entender nuestros necesidades, nuestros valores y nuestros límites personales nos ayuda a comunicar de manera más efectiva y empática. A través de la exploración de nuestras emociones, aprenderemos a manejar situaciones difíciles y a mantener un diálogo constructivo incluso cuando surjan tensiones.

Durante el viaje, también examinaremos la importancia de la escucha activa y la empatía como herramientas esenciales para una comunicación asertiva. Aprenderemos a desarrollar la capacidad de comprender las perspectivas de los demás, de acoger sus emociones y de responder de manera respetuosa y no juzgadora. Estas herramientas nos permitirán establecer una conexión auténtica con los demás, fomentando una comunicación más profunda y significativa.

Exploraremos los desafíos comunes que pueden surgir en el camino hacia la comunicación asertiva. Desde el miedo al rechazo hasta la gestión de conflictos, enfrentaremos estos desafíos con estrategias y consejos prácticos para superarlos con éxito.

Finalmente, a través de ejemplos, ejercicios y consejos, te proporcionaré las herramientas necesarias para integrar la comunicación asertiva en tu vida diaria. Será un viaje de descubrimiento y crecimiento personal, en el que cada paso nos llevará hacia una mayor conciencia de nosotros mismos y de nuestras relaciones.

Como en cualquier viaje, el camino hacia la comunicación asertiva requerirá paciencia, dedicación y práctica constante. Pero, con esfuerzo y determinación, seremos capaces de desarrollar habilidades de comunicación más efectivas y de crear relaciones más significativas y satisfactorias.

Ten en mente que el viaje hacia la comunicación asertiva no tiene un destino final definido. Es un camino continuo de desarrollo personal y de mejora de tus habilidades relacionales. Con el tiempo, verás cómo la comunicación asertiva tendrá un impacto positivo en tu vida, mejorando tus relaciones, reduciendo el estrés y fomentando un diálogo abierto y auténtico con los demás.

Así que, prepárate para esta aventura. Sé abierto a nuevas ideas, practica las habilidades que aprenderás y sé amable contigo mismo a lo largo del camino. Estoy seguro de que, con compromiso y dedicación, podrás adquirir una nueva manera de comunicarte que te permitirá expresarte de manera respetuosa, construir relaciones significativas y alcanzar una mayor satisfacción en tu vida diaria.

"¿Estamos listos para comenzar este viaje juntos?"

Preparémonos para abrir nuevas puertas hacia la comunicación asertiva, hacia una manera de comunicar que transformará positivamente tu vida. Estoy entusiasmado de compartir esta experiencia contigo y ansioso por ver los resultados que alcanzarás.

CAPÍTULO II

EL LENGUAJE DEL CRECIMIENTO PERSONAL: LA CONVERSACIÓN COMO HERRAMIENTA DE EMPODERAMIENTO

El Poder del Lenguaje

El lenguaje que utilizamos juega un papel fundamental en la configuración de nuestra auto-percepción, nuestras actitudes y nuestras interacciones con los demás. Las palabras que elegimos pueden tener un impacto significativo en nuestro crecimiento personal y bienestar emocional. Explorar el poder del lenguaje nos permite entender cómo podemos aprovecharlo para empoderarnos a nosotros mismos y a nuestras relaciones.

Comencemos con la auto-percepción. Las palabras que usamos para describirnos pueden influir profundamente en cómo nos vemos a nosotros mismos. Si utilizamos palabras negativas o desvalorizantes, como "soy estúpido" o "soy un fracaso", alimentamos una auto-percepción negativa y limitante. Por el contrario, si optamos por usar palabras positivas y motivadoras, como "soy capaz" o "soy resiliente", fomentamos una autoestima y una confianza en nosotros mismos más sólidas. El lenguaje que utilizamos puede ayudarnos a reescribir nuestra narrativa personal y a cultivar una mentalidad de crecimiento y confianza en nuestras capacidades.

El lenguaje también afecta las actitudes que adoptamos hacia las situaciones y eventos que experimentamos. Las palabras que usamos para describir los desafíos y dificultades pueden influir en nuestra perspectiva. Por ejemplo, si nos referimos a un obstáculo como un "fracaso" o un "desastre", nuestra reacción emocional será diferente a si lo definimos como un "desafío" o una "oportunidad de aprendizaje". El lenguaje que adoptamos puede ayudarnos a cambiar nuestra perspectiva, impulsándonos a ver las dificultades como oportunidades para el crecimiento y desarrollo personal.

Además, el lenguaje que utilizamos en nuestras interacciones con otros puede tener un impacto significativo en nuestras relaciones. Las palabras que elegimos pueden fomentar la conexión, la comprensión y la colaboración, o pueden crear distancia, conflicto e incomprensión. El uso de un lenguaje empático, respetuoso y claro puede mejorar la calidad de nuestras conversaciones y nuestras relaciones. Las palabras pueden ser herramientas de apoyo, aliento e inspiración para los demás.

Sin embargo, es importante recordar que el poder del lenguaje no solo se refiere a las palabras que decimos, sino también a la calidad de nuestra comunicación no verbal. El tono de voz, la expresión facial y el lenguaje corporal pueden comunicar mensajes tan poderosos como las propias palabras. Prestar atención a la congruencia entre nuestro lenguaje verbal y no verbal es fundamental para una comunicación asertiva y efectiva.

Para aprovechar el poder del lenguaje de manera positiva, es necesario desarrollar una mayor conciencia de las palabras que usamos. Podemos comenzar a notar las palabras recurrentes que usamos para describirnos a nosotros mismos, los eventos y a los demás, y preguntarnos si estas palabras son limitantes o empoderadoras. Podemos hacer un esfuerzo consciente para reemplazar las palabras negativas con palabras positivas y constructivas. Además, podemos cultivar la práctica de la escucha activa y empática, que nos permite usar el lenguaje de manera respetuosa y comprensiva en nuestras interacciones con otros.

El lenguaje que utilizamos tiene un impacto significativo en nuestra auto-percepción, nuestras actitudes y nuestras relaciones. El poder del lenguaje nos invita a elegir las palabras con cuidado, para alimentar una visión positiva de nosotros mismos, enfrentar desafíos con una perspectiva de crecimiento y promover conexiones auténticas y significativas con los demás. Al explorar el lenguaje del crecimiento personal, podemos usar la comunicación como una herramienta de empoderamiento y transformación en nuestra vida diaria.

Conversación como Reflejo del Interior

Las modalidades de conversación que adoptamos pueden actuar como un espejo de nuestros estados internos, revelando aspectos importantes como nuestro nivel de autoestima, seguridad y bienestar emocional. La manera en que nos expresamos e interactuamos con los demás puede reflejar lo que sentimos internamente y también puede influir en nuestro estado emocional y mental. Explorar esta conexión entre la conversación y la interioridad nos permite comprender mejor cómo nuestras formas de comunicación afectan nuestra experiencia y nuestras relaciones.

Una conversación que refleja alta autoestima y seguridad puede caracterizarse por un lenguaje asertivo, una postura abierta y un tono de voz calmado y seguro. Una persona con alta autoestima tiende a expresar sus opiniones y necesidades de manera clara y directa, sin miedo al juicio o al rechazo. Muestra confianza en sus capacidades y se involucra en un diálogo abierto y respetuoso. Este tipo de conversación refleja una buena conexión con uno mismo y una sana autoestima, creando un ambiente de comunicación más equilibrado y gratificante.

Por otro lado, una conversación que refleja baja autoestima puede manifestarse a través de un lenguaje tímido, hesitante o sumiso. Una persona con baja autoestima podría expresar sus pensamientos de manera incierta o disculparse excesivamente por sus opiniones. Podría evitar el conflicto o ceder ante las demandas de otros, temiendo ser juzgada o rechazada. Este tipo de conversación puede reflejar una falta de confianza en uno mismo y una baja autoestima, creando un clima de comunicación desequilibrado y limitante.

Además, las modalidades de conversación también pueden estar influenciadas por nuestro bienestar emocional general. Si nos sentimos estresados, ansiosos o tristes, podríamos manifestar estas emociones a través de un lenguaje más negativo, un tono de voz irritable o una comunicación reactiva. Por el contrario, cuando estamos tranquilos y felices, nuestro lenguaje y tono de voz tienden a ser más positivos, relajados y amables. Nuestras emociones y nuestro bienestar interno se reflejan en la manera en que nos comunicamos con los demás.

Es importante notar que la conversación, como reflejo de la interioridad, puede funcionar en ambos sentidos. Las modalidades de conversación que adoptamos pueden influir en nuestro estado emocional y mental. Por ejemplo, si nos esforzamos por usar un lenguaje positivo y alentador durante las conversaciones, podemos experimentar un aumento en la autoestima y el bienestar emocional. Por otro lado, una conversación caracterizada por críticas constantes o un lenguaje negativo puede tener un impacto negativo en nuestra autoestima y estado emocional.

En conclusión, las modalidades de conversación que adoptamos reflejan nuestra interioridad, incluyendo nuestro nivel de autoestima, seguridad y bienestar emocional. La manera en que nos expresamos e interactuamos con los demás puede influenciar nuestra experiencia de comunicación y nuestras relaciones. Desarrollando una mayor conciencia de nuestras modalidades de conversación, podemos trabajar para mejorar nuestra autoestima, seguridad y bienestar emocional, creando una comunicación más equilibrada y gratificante.

El Papel de la Conversación en el Desarrollo Personal

Las habilidades de conversación desempeñan un papel fundamental en nuestro desarrollo personal. La capacidad de expresar claramente nuestros pensamientos y sentimientos, de escuchar atentamente a los demás, y de crear un diálogo abierto y respetuoso son competencias esenciales que nos ayudan a crecer y desarrollarnos como individuos. La conversación nos ofrece un terreno fértil para el aprendizaje, la exploración y la conexión con otros.

Un aspecto clave del papel de la conversación en el desarrollo personal es la capacidad de expresar claramente nuestros pensamientos y sentimientos. A través de la conversación, podemos articular nuestras ideas, compartir nuestras experiencias y dar voz a nuestras necesidades. Esta expresión consciente nos permite profundizar nuestro conocimiento de nosotros mismos, explorar nuestros valores y destacar nuestros objetivos y deseos personales. La capacidad de comunicar de manera clara y honesta ayuda a crear una conexión más auténtica con nosotros mismos y a construir una base sólida para el crecimiento personal.

Además, la conversación nos ofrece la oportunidad de escuchar atentamente a los demás. La escucha activa es una habilidad valiosa que nos permite comprender completamente las experiencias, opiniones y sentimientos de los demás. A través de la escucha empática, podemos desarrollar una mayor

24

comprensión de perspectivas distintas a la nuestra y ampliar nuestra visión del mundo. La escucha activa también nos permite construir relaciones significativas basadas en la confianza, el respeto y el apoyo mutuo.

La conversación facilita el aprendizaje y la exploración de nuevas ideas y conceptos. A través del diálogo con otros, estamos expuestos a una variedad de puntos de vista, conocimientos y experiencias que enriquecen nuestra perspectiva. La conversación nos desafía a pensar críticamente, a hacer preguntas y a profundizar nuestro conocimiento. A través del intercambio y la discusión de ideas, podemos ampliar nuestros horizontes y desarrollar una mente abierta y flexible.

Además, la conversación juega un papel importante en la creación de conexiones humanas significativas. Es a través del diálogo que construimos lazos de confianza e intimidad con los demás. La capacidad de comunicar de manera auténtica y abierta nos permite compartir nuestras emociones, experiencias y deseos, creando un sentido de pertenencia y comprensión mutua. La conversación nos ofrece la oportunidad de nutrir relaciones profundas y satisfactorias, que contribuyen a nuestro bienestar emocional y a nuestro desarrollo personal.

Finalmente, la conversación desempeña un papel fundamental en el proceso de autorreflexión y autoconciencia. A través del diálogo interno y las conversaciones con otros, podemos explorar nuestras fortalezas, nuestros límites y nuestras áreas de mejora. La conversación nos permite iluminar nuestros patrones de pensamiento y comportamiento, abriendo el camino a nuevas posibilidades de crecimiento y transformación personal.

La conversación juega un papel esencial en nuestro desarrollo personal. A través de la capacidad de expresar claramente nuestros pensamientos y sentimientos, de escuchar atentamente a los demás, de aprender, explorar y conectar con otros, la conversación nos ofrece un terreno fértil para el crecimiento y el desarrollo. Aprovechar al máximo estas habilidades de conversación nos permite explorar nuestro potencial, cultivar relaciones significativas y vivir una vida más auténtica y satisfactoria.

Conversación como Herramienta de Aprendizaje

La conversación desempeña un papel fundamental como herramienta de aprendizaje y adquisición de nuevas perspectivas. La escucha activa y el diálogo abierto pueden proporcionar un terreno fértil para la exploración de ideas, el intercambio de conocimientos y el enriquecimiento personal. A través de la conversación, somos capaces de aprender de experiencias y puntos de vista diferentes, expandiendo nuestra comprensión del mundo y enriqueciendo nuestro acervo de conocimientos.

La escucha activa es una habilidad clave en la conversación que fomenta el aprendizaje. Cuando practicamos la escucha activa, nos comprometemos a prestar atención completa al interlocutor, tratando de comprender plenamente lo que se comunica. Este tipo de escucha nos permite captar los detalles, las emociones y los significados implícitos en el mensaje del otro. La escucha activa nos abre a la posibilidad de aprender de diversas perspectivas, enriqueciendo nuestra comprensión del mundo y ampliando nuestros horizontes.

El diálogo abierto, caracterizado por la disposición a explorar, interrogar y comparar ideas, es otra herramienta poderosa para el aprendizaje a través de la conversación. A través del diálogo abierto, podemos cuestionar nuestras creencias previas, explorar nuevos conceptos y estimular nuestra mente crítica. El intercambio de ideas nos permite enriquecer nuestra perspectiva y desarrollar una comprensión más completa de los temas que nos interesan. A través del diálogo abierto, somos capaces de acceder a una variedad de puntos de vista y conocimientos, ampliando nuestro acervo cultural e intelectual.

La conversación como herramienta de aprendizaje también nos ofrece la oportunidad de profundizar nuestro conocimiento de nosotros mismos. A través del diálogo con otros, somos capaces de reflexionar sobre nuestras experiencias, emociones y pensamientos, iluminando nuestros patrones de pensamiento y comportamiento. Esta auto-reflexión nos ayuda a desarrollar una mayor conciencia de nosotros mismos, a identificar nuestros puntos fuertes y nuestras áreas de mejora, y a aprovechar al máximo nuestro potencial.

Además, la conversación como herramienta de aprendizaje nos permite desarrollar habilidades sociales esenciales, como la empatía, la tolerancia y la capacidad de manejar el conflicto de manera constructiva. A través del diálogo, aprendemos a escuchar y respetar las opiniones de los demás, a comprender sus experiencias y a encontrar puntos de convergencia incluso en presencia de diversidad de pensamiento. Estas habilidades sociales no solo enriquecen nuestras relaciones personales y profesionales, sino que también nos permiten contribuir de manera positiva a la sociedad en la que vivimos.

La conversación juega un papel crucial como herramienta de aprendizaje. La escucha activa y el diálogo abierto nos permiten aprender de diversas perspectivas, explorar nuevas ideas y enriquecer nuestro acervo de conocimientos. A través de la conversación, desarrollamos una mayor conciencia de nosotros mismos, adquirimos habilidades sociales esenciales y estimulamos nuestra mente crítica. Aprovechar el poder de la conversación como herramienta de aprendizaje nos permite continuar creciendo, aprendiendo y desarrollándonos como individuos.

Técnicas de Conversación Asertiva

En el contexto de la comunicación asertiva, existen diversas técnicas que pueden utilizarse para fomentar una conversación más efectiva y respetuosa. Estas técnicas permiten expresar de manera clara las propias necesidades, deseos y sentimientos, mientras se escucha activamente al otro interlocutor. Algunas de las técnicas básicas de la conversación asertiva incluyen el uso de mensajes en primera persona, la expresión clara de necesidades y deseos, y la práctica de la escucha activa.

Un aspecto fundamental de la comunicación asertiva es el uso de mensajes en primera persona. Esto significa expresar los propios pensamientos, sentimientos y necesidades de manera directa, evitando atribuir culpas o generalizar. Por ejemplo, en lugar de decir "Tú siempre me haces enojar", se puede comunicar de manera asertiva diciendo "Me siento enojado cuando sucede esta situación". Utilizar mensajes en primera persona permite asumir la responsabilidad de las propias emociones y evitar acusar al otro interlocutor, facilitando así una conversación más constructiva.

Además, la expresión clara de necesidades y deseos es otra técnica importante de la comunicación asertiva. A menudo, muchas personas tienden a ocultar sus verdaderas necesidades o suponen que los demás deberían conocerlas automáticamente. Sin embargo, en el ámbito de la comunicación asertiva, es fundamental expresar los propios necesidades de manera clara y directa. Por ejemplo, en lugar de esperar que alguien adivine, se puede afirmar abiertamente: "Necesito apoyo en esta situación" o "Deseo que me des más espacio para expresar mis ideas".

Expresar claramente las propias necesidades y deseos permite a los demás entender mejor nuestras expectativas y favorece una comunicación más efectiva y satisfactoria.

Otra técnica fundamental de la conversación asertiva es la escucha activa. La escucha activa implica dedicar atención e interés a lo que el otro está comunicando, sin interrumpir o juzgar. El objetivo es comprender completamente al otro interlocutor y responder de manera adecuada. La escucha activa puede practicarse haciendo preguntas para profundizar la comprensión, repitiendo o parafraseando lo que se ha dicho para mostrar interés y confirmar la comprensión. La escucha activa crea un espacio de respeto y apertura, permitiendo que ambas partes se sientan escuchadas y comprendidas.

Estas técnicas de conversación asertiva son solo algunas de las múltiples estrategias que pueden adoptarse para mejorar la comunicación. Es importante recordar que la práctica de la comunicación asertiva requiere tiempo y experiencia para ser refinada. Experimentando con estas técnicas, podemos desarrollar habilidades de comunicación más efectivas, que contribuirán a crear relaciones más auténticas, respetuosas y gratificantes.

En la conversación asertiva, el objetivo es establecer un diálogo constructivo en el que las partes involucradas se sientan escuchadas y respetadas. Utilizando mensajes en primera persona, expresando claramente las necesidades y los deseos, y practicando la escucha activa, podemos crear un ambiente comunicativo donde las opiniones y sentimientos de ambas partes sean reconocidos. La práctica de estas técnicas permite fomentar una comunicación asertiva y construir relaciones de confianza y respeto mutuo.

Estamos aquí para ayudarte a desarrollar y potenciar tus habilidades de comunicación asertiva, siendo una competencia valiosa que te permite expresar tus pensamientos, necesidades y deseos de manera clara y respetuosa. Para ayudarte en este camino, te propondremos algunos ejercicios prácticos que te permitirán poner en práctica las técnicas aprendidas y reflexionar sobre ti mismo y tus dinámicas comunicativas.

Comenzaremos con el ejercicio de las declaraciones "yo". Te pedimos que pienses en una situación en la que te sentiste frustrado o insatisfecho y escribas una frase que exprese tus sentimientos y necesidades usando una declaración "yo". Por ejemplo, en lugar de decir "Siempre me decepcionas", puedes intentar decir "Me siento decepcionado cuando no se cumplen los plazos". Esta técnica te permite asumir la responsabilidad de tus sentimientos y comunicarlos de manera clara, sin culpar a los demás.

A continuación, te invitamos a experimentar la escucha activa. Encuentra un compañero de práctica con quien llevar a cabo una conversación estructurada, alternando los roles de "hablante" y "oyente". Durante tu turno como oyente, trata de concentrarte atentamente en el otro, haciendo preguntas de profundización y ofreciendo un feedback respetuoso. Este ejercicio te ayudará a desarrollar la capacidad de escuchar de manera activa y empática, creando una conexión más auténtica con los demás.

Otra técnica importante es la expresión clara de necesidades y deseos. Te invitamos a reflexionar sobre lo que realmente deseas en una situación determinada y a expresar tus necesidades de manera clara y directa. Por ejemplo, en lugar de decir "Me gustaría hacer algo juntos", puedes intentar ser más específico diciendo "Me gustaría pasar tiempo contigo. ¿Te gustaría dar un paseo mañana por la tarde?". Esta técnica te ayudará a comunicar de manera efectiva y a fomentar una mejor comprensión mutua.

Otro aspecto importante de la comunicación asertiva es la gestión de conflictos. Te invitamos a reflexionar sobre una situación pasada en la que enfrentaste un conflicto y a escribir una lista de posibles estrategias para manejarlo de manera asertiva. Luego, imagina que te encuentras frente a una persona con la que estás en desacuerdo y trata de poner en práctica estas estrategias de comunicación asertiva. Este ejercicio te permitirá desarrollar habilidades concretas en la gestión de conflictos y mantener una comunicación constructiva incluso en situaciones difíciles.

Por último, te animamos a dedicar tiempo a la auto-reflexión. Reflexiona sobre las creencias limitantes que pueden influir en tu capacidad de comunicación asertiva. Escribe estas creencias y trata de examinarlas críticamente, buscando evidencias que las contradigan o alternativas más positivas y potenciadoras. Este ejercicio te ayudará a desarrollar una mayor conciencia de ti mismo y a transformar las creencias limitantes en pensamientos más positivos y constructivos.

Estamos seguros de que estos ejercicios serán útiles en tu camino hacia el desarrollo de habilidades de comunicación asertiva. Recuerda que requieren práctica y compromiso constante, así que no tengas prisa y sé amable contigo mismo durante el proceso. Continúa practicando estas técnicas en tu vida diaria y verás progresos significativos en la forma en que te relacionas con los demás y te expresas.

¡Buen trabajo!

CAPÍTULO III

DESCUBRIENDO LA ASERTIVIDAD: DIFERENCIAR ENTRE AGRESIVIDAD, PASIVIDAD Y ASERTIVIDAD

Diferenciar entre Agresividad, Pasividad y Asertividad

En el proceso de aprendizaje de la comunicación asertiva, es fundamental comprender las diferencias entre los estilos de comunicación agresivo, pasivo y asertivo. Estos tres estilos representan enfoques diferentes en la gestión de las relaciones interpersonales y en la expresión de los propios pensamientos, sentimientos y necesidades. Al ofrecer definiciones claras de agresividad, pasividad y asertividad, podemos adquirir una mejor comprensión de cómo estos modos de comunicación influyen en nuestras relaciones y nuestro bienestar general.

La agresividad es un estilo de comunicación en el cual las propias necesidades y deseos se expresan de manera dominante, invasiva y ofensiva. Las personas que adoptan un estilo de comunicación agresivo tienden a ser autoritarias, impulsivas y orientadas a sus propios intereses, ignorando o minimizando los sentimientos y necesidades de los demás. A menudo utilizan lenguaje acusatorio, recurren a amenazas o sarcasmo, y buscan imponer sus opiniones sin considerar el punto de vista de los demás. La agresividad puede dañar las relaciones y generar conflictos, creando un clima de inseguridad y falta de confianza mutua.

La pasividad, por otro lado, es un estilo de comunicación en el que las propias necesidades y deseos se niegan o reprimen para evitar conflictos o por miedo al rechazo. Las personas que adoptan un estilo de comunicación pasivo tienden a evitar confrontaciones directas, se someten a las demandas de otros sin expresar sus propias opiniones y tienden a tener dificultades para establecer límites personales. A menudo se sienten impotentes y no capaces de defender sus derechos. La pasividad puede llevar a sentimientos de frustración, resentimiento y falta de autoestima, y puede obstaculizar la creación de relaciones sanas y gratificantes.

La asertividad representa un estilo de comunicación equilibrado, en el que se expresan claramente los propios pensamientos, sentimientos y necesidades de manera respetuosa y directa, teniendo en cuenta también las necesidades de los demás. Las personas asertivas son capaces de defender sus derechos y expresar sus opiniones sin violar los derechos de otros. La asertividad implica el uso de un lenguaje claro y directo, la escucha atenta de los demás y la búsqueda de soluciones equilibradas. Los individuos asertivos se sienten seguros de sí mismos y confían en sus capacidades, sin buscar dominar o someterse a los demás. La comunicación asertiva promueve el respeto mutuo y favorece la creación de relaciones basadas en la confianza y el equilibrio.

Es importante destacar que la asertividad no significa ser agresivo ni pasivo. Es un enfoque que permite expresar las propias necesidades y deseos de manera directa y respetuosa, sin dañar a los demás o negar las propias necesidades. Ser asertivo requiere una buena conciencia de sí mismo, la capacidad de manejar las emociones y la confianza en las propias habilidades comunicativas.

Comprender y reconocer estas diferencias son los primeros pasos para desarrollar un enfoque asertivo de la comunicación. A lo largo de este capítulo, exploraremos más a fondo los principios y técnicas de la comunicación asertiva, para ayudarte a cultivar habilidades que fomenten relaciones sanas, auténticas y gratificantes.

Comportamientos y Señales

Los diferentes estilos de comunicación - agresivo, pasivo y asertivo - se reflejan en los comportamientos y señales verbales y no verbales que utilizamos durante nuestras interacciones. Comprender estos comportamientos y señales puede ayudarte a identificar y comprender mejor las dinámicas comunicativas que ocurren en las relaciones. Aquí hay algunos ejemplos de comportamientos y señales típicos de cada estilo de comunicación:

En el estilo de comunicación agresivo, las personas tienden a usar un tono de voz fuerte y dominante. Sus expresiones faciales pueden ser tensas, sus gestos pueden ser amplios y agresivos, y pueden mantener una postura rígida o intimidante. A menudo interrumpen a los demás, usan lenguaje acusatorio y no dan espacio a las opiniones de los demás. Su mirada puede ser fija y penetrante, y pueden mostrar signos de ira o frustración. Estos comportamientos comunican una actitud de dominancia y poder, con una falta de consideración por los demás.

En el estilo de comunicación pasivo, las personas tienden a evitar el contacto visual, mantener una postura encorvada y baja, y usar un tono de voz suave o incierto. Sus gestos pueden ser limitados y tímidos, y pueden ser propensos a disculparse o justificarse excesivamente. A menudo se someten a las demandas de los demás sin expresar sus propias necesidades u opiniones. Su lenguaje verbal puede ser indirecto o vago, y podrían parecer inseguros o ansiosos durante las interacciones. Estos comportamientos comunican una falta de confianza en sí mismos y una tendencia a sacrificar sus propias necesidades para mantener la paz y la armonía.

En el estilo de comunicación asertivo, las personas mantienen un contacto visual directo y relajado, una postura erguida y abierta, y usan un tono de voz calmado y seguro. Sus gestos son apropiados y controlados, y pueden usar expresiones faciales relajadas y amistosas. Se involucran en la escucha activa, muestran interés por los demás y responden de manera respetuosa. Expresan claramente sus necesidades y opiniones, sin traspasar los límites de los demás. Comunican de manera equilibrada, sin ser dominantes ni sumisos. Estos comportamientos comunican respeto por sí mismos y por los demás, favoreciendo un ambiente de confianza y colaboración.

Es importante destacar que ningún estilo de comunicación está siempre presente en cada interacción. Las personas pueden adoptar diferentes estilos según el contexto y las relaciones específicas. Además, es posible desarrollar una comunicación asertiva a través de la conciencia y la práctica de habilidades comunicativas adecuadas.

Reconocer y comprender estos comportamientos y señales puede ayudarte a identificar los estilos de comunicación dominantes en tus relaciones y a evaluar cómo te expresas. El objetivo es desarrollar una comunicación asertiva que te permita expresar tus necesidades, pensamientos y sentimientos de manera respetuosa y equilibrada, creando relaciones más sanas y satisfactorias.

Consecuencias e Impactos

Los estilos de comunicación - agresivo, pasivo y asertivo - tienen consecuencias a corto y largo plazo en las relaciones personales y profesionales, así como en la autoestima y el bienestar individual. Analicemos las implicaciones de cada uno de ellos:

La agresividad, como estilo de comunicación, puede llevar a consecuencias negativas a nivel relacional. El uso de un lenguaje acusatorio y comportamientos intimidatorios puede crear miedo y resistencia en la otra persona, socavando la confianza y la seguridad en la relación. La agresividad puede provocar conflictos, resentimiento e aislamiento social, ya que otros podrían evitar interactuar con una persona agresiva. A largo plazo, la agresividad puede dañar la reputación y la confianza de los demás, dificultando la construcción de relaciones duraderas y significativas.

La pasividad, por otro lado, puede tener consecuencias igualmente negativas. La falta de expresión de las propias necesidades, opiniones y deseos puede llevar a una sensación de frustración e impotencia. Los individuos pasivos pueden sufrir la falta de respeto y aprovechamiento por parte de los demás, ya que no establecen límites claros. Esto puede llevar a una autoestima reducida, a un sentimiento de devaluación y a una tendencia a sentirse abrumados en las relaciones. A largo plazo, la pasividad puede crear un desequilibrio de poder y contribuir a la pérdida de oportunidades personales y profesionales.

La asertividad, en cambio, tiene consecuencias positivas a nivel relacional. Ser capaz de expresar claramente las propias necesidades, pensamientos y sentimientos fomenta una comunicación abierta y respetuosa. Los individuos asertivos establecen límites saludables, se hacen respetar y escuchan las opiniones de los demás. Esto promueve la confianza, la empatía y la comprensión mutua en las relaciones. A largo plazo, la asertividad favorece la construcción de lazos de confianza, el fortalecimiento de redes de apoyo social y la mejora de las oportunidades profesionales.

36

Desde el punto de vista de la autoestima y el bienestar personal, la agresividad y la pasividad pueden socavar la confianza en uno mismo y el sentido de valor personal. La agresividad puede llevar a sentimientos de culpa, remordimiento y aislamiento, mientras que la pasividad puede generar frustración y resentimiento. En cambio, la asertividad fomenta una imagen positiva de sí mismo, un sentido de control y confianza en las propias capacidades. Ser capaz de expresar las propias necesidades y establecer límites saludables contribuye al bienestar emocional y a la autoestima.

Los estilos de comunicación tienen un impacto significativo en las relaciones personales y profesionales, así como en la autoestima y el bienestar individual. La agresividad y la pasividad pueden crear tensiones y obstáculos en las relaciones, mientras que la asertividad promueve la confianza mutua y la construcción de lazos duraderos. Invertir en el desarrollo de la asertividad puede llevar a una mayor conciencia de sí mismo, relaciones más satisfactorias y una mejora general del bienestar psicológico y emocional.

Transiciones entre Estilos de Comunicación

La transición entre los estilos de comunicación pasivo o agresivo a uno más asertivo puede ser un camino significativo de crecimiento personal. Aunque puede requerir tiempo y esfuerzo, es posible adquirir habilidades que fomenten una comunicación más equilibrada y auténtica. Veamos algunos de los obstáculos comunes y posibles enfoques para facilitar esta transición:

Uno de los obstáculos comunes en la transición de un estilo pasivo o agresivo a uno más asertivo es el miedo al enfrentamiento o al juicio de los demás. El temor de ser rechazados o de generar conflictos puede desalentar la expresión directa de las propias necesidades y opiniones. Sin embargo, superar este miedo es fundamental para desarrollar un enfoque asertivo. Un posible enfoque consiste en reflexionar sobre las consecuencias negativas de permanecer pasivo o agresivo, como la falta de autoestima o la creación de relaciones insatisfactorias. Esta conciencia puede motivar el deseo de cambio y proporcionar el impulso necesario para comenzar a adoptar un enfoque más asertivo.

Otro obstáculo común es el hábito consolidado de comportarse de manera pasiva o agresiva. Las viejas costumbres pueden ser difíciles de superar y requieren esfuerzo y constancia. Un enfoque útil es identificar los patrones de comportamiento negativos y reemplazarlos gradualmente con nuevos modelos asertivos. Por ejemplo, en lugar de someterse a las demandas de los demás sin expresar las propias necesidades, se puede comenzar a establecer límites claros y a expresar las propias preferencias de manera respetuosa. La práctica constante de nuevos comportamientos y el uso de técnicas de comunicación asertiva pueden ayudar a consolidar el cambio.

La baja autoestima también puede ser un obstáculo en la transición hacia un estilo más asertivo. Una baja autoestima puede hacer que dudemos de nuestras capacidades y nuestro valor, llevándonos a subestimar nuestras necesidades y opiniones. Para abordar este obstáculo, es importante trabajar en la confianza en uno mismo y en la percepción de nuestro valor intrínseco. Esto puede incluir la reflexión sobre nuestros puntos fuertes, el reconocimiento de éxitos pasados y la adopción de prácticas de autocompasión. El desarrollo de una visión positiva de uno mismo puede proporcionar la confianza necesaria para expresar de manera asertiva nuestras ideas y deseos.

Un enfoque efectivo en la transición hacia la asertividad es la práctica de la escucha activa. La escucha activa implica dedicar atención e interés genuino a lo que los demás están comunicando. Esta práctica nos permite comprender mejor sus perspectivas, responder de manera respetuosa y construir una comunicación más abierta y constructiva. La escucha activa también puede fomentar la reciprocidad, animando a los demás a prestar atención y respetar nuestras opiniones y necesidades.

Además, la conciencia del lenguaje utilizado es fundamental en la transición hacia la asertividad. Ser conscientes de las palabras que elegimos y del tono que utilizamos puede tener un impacto significativo en nuestra comunicación. Un enfoque útil es utilizar mensajes "Yo" para expresar nuestros sentimientos y necesidades de manera asertiva, evitando el lenguaje acusatorio o juzgador. Por ejemplo, en lugar de decir "Siempre me haces esperar", se podría afirmar "Me siento frustrado cuando las reuniones comienzan tarde". Esto ayuda a evitar el ataque personal y fomenta una comunicación más constructiva.

Finalmente, es importante recordar que la transición hacia un estilo de comunicación asertivo requiere tiempo y paciencia. Es normal cometer errores en el camino, y puede ser útil ver estos errores como oportunidades de aprendizaje. Con el tiempo y la práctica constante, se puede desarrollar un enfoque asertivo que fomente relaciones más auténticas, satisfactorias y respetuosas tanto para uno mismo como para los demás.

Estudios de Caso

Examinemos algunos casos de estudio o ejemplos de la vida real que ilustran cada estilo de comunicación y las implicaciones de estos estilos en las relaciones y los resultados personales.

En el caso de estudio relacionado con la agresividad, consideremos el personaje de Marco. Marco es conocido por su estilo de comunicación agresivo. Durante una reunión de trabajo, Marco interrumpe constantemente a sus colegas, elevando la voz y criticando abiertamente sus ideas. Este comportamiento crea tensión y un sentido de inseguridad en el ambiente laboral. Los colegas de Marco evitan compartir sus opiniones por miedo a una reacción negativa. A largo plazo, este estilo de comunicación agresivo tiene un impacto negativo en el ánimo de los empleados, la colaboración y la productividad.

En cuanto a la pasividad, consideremos el caso de Sara. Sara es una persona muy pasiva y tiene dificultades para expresar sus necesidades y deseos. En una relación romántica, Sara evita constantemente expresar sus preocupaciones y preferencias, siempre tratando de complacer a su pareja. Esto lleva a una falta de equilibrio y a una acumulación de frustración. Su pareja, al no tener claros los deseos de Sara, se siente confundido y no capaz de satisfacer sus expectativas. A largo plazo, esta dinámica puede llevar a una relación insatisfactoria y a la pérdida de autoestima de Sara.

Pasemos ahora a un ejemplo de comunicación asertiva. Imaginemos el caso de Luca, que trabaja en un ambiente colaborativo. Durante una reunión de equipo, Luca expresa sus opiniones de manera clara y respetuosa. Es capaz de escuchar atentamente las ideas de los demás y de proporcionar retroalimentación constructiva. Su comunicación asertiva crea un clima de confianza y apertura entre los miembros del equipo, fomentando la colaboración y la generación de nuevas ideas. A largo plazo, este estilo de comunicación contribuye al éxito del equipo y a la satisfacción personal de Luca.

Finalmente, consideremos el caso de estudio que ilustra la transición de un estilo de comunicación pasivo a uno asertivo. Piensa en Giulia, que solía evitar los conflictos y no expresar sus necesidades. Con el tiempo, Giulia ha trabajado en su autoestima y en la conciencia de sus derechos. Ha comenzado a expresar claramente sus pensamientos y sentimientos en situaciones en las que antes se habría retraído. Este cambio ha tenido un impacto positivo en sus relaciones personales y profesionales. Las personas a su alrededor han comenzado a respetar más sus límites y a considerar sus necesidades. Giulia ha desarrollado una mayor confianza en sí misma y una sensación de control sobre su vida.

Estos casos de estudio destacan cómo los estilos de comunicación influyen en las relaciones y los resultados personales. La agresividad puede llevar a tensiones y conflictos, la pasividad puede generar frustración e insatisfacción, mientras que l' asertividad favorece relaciones más positivas y gratificantes. A través de la conciencia y la práctica, es posible transformar un estilo de comunicación ineficaz en uno más asertivo, mejorando así la calidad de las relaciones y los resultados personales.

Estrategias de Asertividad

Desarrollar un comportamiento asertivo requiere aprender y aplicar diversas estrategias. Estas estrategias te ayudarán a comunicarte de manera clara, respetuosa y efectiva en situaciones de conflicto o estrés.

Primero, es importante ser consciente de uno mismo y de tus propias necesidades, deseos y opiniones. Tómate tiempo para reflexionar sobre lo que es realmente importante para ti y cuáles son tus límites personales. Esta autoconciencia te proporcionará una base sólida para expresar de manera asertiva lo que piensas y deseas.

Otra estrategia fundamental es utilizar el "mensaje en primera persona" cuando te expreses. En lugar de acusar o criticar a otros, concéntrate en tus experiencias y sentimientos utilizando frases que comiencen con "yo". Por ejemplo, puedes decir "Me siento frustrado cuando las fechas límite se cambian constantemente sin previo aviso" en lugar de "Siempre llegas tarde".

Aprender a decir "no" de manera asertiva es otra habilidad crucial. Muchas personas encuentran difícil rechazar solicitudes o imposiciones, pero es esencial establecer límites claros. Sé directo y decidido, sin sentirte culpable o necesitar justificar excesivamente tus elecciones.

La escucha activa es un componente clave de l' asertividad. Durante las interacciones con otros, dedica tiempo y energía para escuchar atentamente y mostrar interés por lo que están diciendo. Haz preguntas profundas para demostrar que estás siguiendo la conversación y que te importan sus opiniones. Esto fomentará un clima de respeto y apertura en la comunicación.

La gestión constructiva de los conflictos es otra estrategia importante. Los conflictos son inevitables, pero ser asertivo te ayudará a manejarlos de manera efectiva. Intenta mantenerte calmado y controlado durante situaciones conflictivas. Expresa tu punto de vista de manera respetuosa y busca soluciones que sean satisfactorias para ambas partes. Evita usar un lenguaje acusatorio y esfuérzate por ver el conflicto como una oportunidad para crecer y entenderse mutuamente.

Además, es útil practicar la comunicación asertiva incluso en situaciones de estrés. Prepárate de antemano sobre cómo responder de manera asertiva durante situaciones difíciles. Puedes realizar ejercicios de role-playing con un amigo o un profesional, simulando situaciones estresantes y probando diferentes respuestas asertivas.

Finalmente, trabaja en la confianza en ti mismo. La confianza en uno mismo es un elemento fundamental de l' asertividad. Reconoce tus puntos fuertes y acepta tus imperfecciones. La confianza en uno mismo te permitirá expresarte de manera asertiva, sin temor a ser juzgado o rechazado.

Recuerda que desarrollar l' asertividad requiere tiempo y práctica constante. Comienza con pequeños pasos y aplica estas estrategias en tu vida diaria. A medida que te familiarices con l' asertividad, se volverá más natural y te permitirá comunicarte de manera más efectiva, establecer relaciones más saludables y mejorar tu bienestar general.

CAPÍTULO IV

EL ARTE DEL 'NO': ESTRATEGIAS Y TÈCNICÀS PARA EXPRESAR TUS DERECHOS

Il Diritto di Dire 'No'

Exploraremos el arte del "no", las estrategias y técnicas para expresar el derecho propio a decir "no". Abordaremos la importancia de reconocer y afirmar este derecho, analizando las implicaciones en nuestra autoestima y bienestar general.

El derecho a decir "no" es un aspecto fundamental de la comunicación asertiva y de la autonomía personal. A menudo, nos encontramos aceptando solicitudes o situaciones que no están en línea con nuestros deseos, solo para evitar conflictos o buscar la aprobación de otros. Sin embargo, negarnos a nosotros mismos el derecho a decir "no" puede tener consecuencias negativas en nuestra autoestima y bienestar.

Reconocer y afirmar nuestro derecho a decir "no" es un acto de autoafirmación y respeto por uno mismo. Significa ser consciente de nuestros límites, necesidades y prioridades, y tener el coraje de expresarlos de manera clara y respetuosa. Esto conlleva una mayor coherencia entre lo que queremos y lo que aceptamos, promoviendo un sentido de integridad personal y autenticidad en las relaciones.

Cuando negamos nuestro derecho a decir "no", podemos terminar asumiendo más compromisos de los que somos capaces de manejar. Nos sentimos abrumados y estresados, ya que no podemos dedicar suficiente tiempo y energía a nosotros mismos o a las actividades que realmente nos interesan. Esto puede llevar a un sentido de frustración e insatisfacción en nuestra vida.

Además, cuando continuamente negamos nuestro derecho a decir "no", damos permiso a otros para aprovecharnos o violar nuestros límites personales. Nos encontramos constantemente disponibles para otros, incluso en detrimento de nuestras necesidades y bienestar. Esto puede erosionar nuestra autoestima y nuestro sentido de valor personal, ya que nos percibimos como menos importantes que las personas a las que ponemos en primer lugar.

Afirmar nuestro derecho a decir "no" requiere un enfoque asertivo. Hay varias estrategias y técnicas que pueden ayudarnos en este proceso. Una de ellas es el uso de frases claras y directas. Por ejemplo, en lugar de usar frases ambiguas o excusas evasivas, podemos afirmar con firmeza: "Lo siento, pero no puedo comprometerme con este proyecto en este momento".

Otra técnica útil es ofrecer alternativas o propuestas de compromiso. Esto demuestra que estamos abiertos a la colaboración y al diálogo, pero que también estamos respetando nuestros límites. Por ejemplo, podemos decir: "Me gustaría ayudarte con esta solicitud, pero solo puedo dedicar una hora al día. ¿Podemos encontrar una manera de adaptarnos a esto?"

Es fundamental ser coherentes con nuestro "no" y no ceder a las presiones o sentimientos de culpa. La práctica constante de afirmar nuestro derecho a decir "no" nos ayudará a mejorar nuestra autoestima y establecer límites saludables en las relaciones personales y profesionales.

Recuerda que afirmar tu derecho a decir "no" no significa ser egoísta o insensible hacia los demás. Al contrario, significa cuidar de uno mismo de manera responsable y respetuosa, para poder ser auténtico y genuino en las relaciones.

Reconocer y afirmar nuestro derecho a decir "no" es esencial para nuestro bienestar y autoestima. A través del uso de estrategias asertivas y el mantenimiento de límites saludables, podemos establecer relaciones más equilibradas y gratificantes, asegurando al mismo tiempo nuestra felicidad y bienestar personal.

Barreras para Decir 'No'

El derecho a decir "no" es esencial para establecer límites saludables y mantener un sentido de autenticidad y autoestima. Sin embargo, muchas personas enfrentan diversas barreras que les impiden afirmar este derecho de manera efectiva. Explore algunas de las barreras más comunes que pueden obstaculizar nuestra capacidad para decir "no".

Una de las principales barreras es el miedo al rechazo o la desaprobación de los demás. Muchas personas buscan la aprobación y el placer de los demás, temiendo ser juzgadas o rechazadas si expresan su desacuerdo. Este miedo puede derivar de experiencias pasadas de rechazo o de una baja autoestima. El deseo de ser aceptados puede impulsarnos a decir "sí" incluso cuando preferiríamos decir "no".

Otra barrera común es el deseo de complacer a los demás. Queremos ser vistos como personas amables, serviciales y complacientes. Tendemos a evitar conflictos o tensiones en las relaciones, sacrificando así nuestras necesidades personales. Esto puede llevar a una falta de equilibrio y a un sentido de sumisión, ya que colocamos las necesidades de los demás por encima de las nuestras.

Las expectativas culturales y sociales también pueden representar una barrera para decir "no". En algunas culturas, se considera de mala educación o egoísta rechazar las solicitudes de los demás. Estamos influenciados por las normas sociales y las expectativas de los demás, y tememos ser vistos como desobedientes o contrarios a las convenciones.

Además, la falta de habilidades de comunicación asertiva puede ser una barrera. Muchas personas no saben cómo expresar de manera clara y respetuosa sus necesidades y deseos, temiendo parecer agresivas o insensibles. Esta falta de confianza en su capacidad para comunicarse de manera asertiva puede impedirles decir "no" de manera efectiva.

Para superar estas barreras y afirmar su derecho a decir "no", es crucial trabajar en su autoestima y confianza en sí mismo. Ser consciente de sus necesidades y límites es el primer paso para poder expresar de manera asertiva lo que piensa y desea.

Además, es importante aprender técnicas de comunicación asertiva para poder expresar efectivamente su "no". Estas técnicas incluyen el uso de frases en primera persona para expresar sus sentimientos y necesidades, la escucha activa y la búsqueda de compromisos cuando sea posible.

Enfrentar las expectativas culturales y sociales puede requerir una mayor conciencia y el coraje de desafiar las normas preexistentes. Es importante recordar que el respeto por uno mismo y la coherencia con sus valores son fundamentales para una vida auténtica y satisfactoria.

Reconocer estas barreras y trabajar en ellas requiere tiempo y práctica. Puede ser útil buscar el apoyo de amigos, familiares o profesionales que puedan proporcionar un ambiente de apoyo y aliento. Recuerde que afirmar su derecho a decir "no" no es solo un signo de autoestima, sino también un paso importante hacia una vida más equilibrada, auténtica y gratificante.

Decir 'No' Sin Sentirse Culpable

Cuando se trata de decir "no", muchas personas luchan con un sentido de culpa. Este sentimiento puede derivar del miedo a decepcionar a otros, del deseo de agradar a todos, o del condicionamiento social que nos hace sentir egoístas o malos por afirmar nuestras necesidades. Sin embargo, es posible superar la culpa y aprender a decir "no" de manera auténtica y respetuosa.

En primer lugar, es importante tomar conciencia de tu autenticidad y la legitimidad de afirmar tus necesidades. Cada individuo tiene el derecho de cuidarse a sí mismo, establecer límites saludables y vivir en coherencia con sus valores. Acepta que decir "no" no te hace egoísta o malo, sino que es un acto de respeto hacia ti mismo y hacia los demás, ya que evitas asumir compromisos que no puedes cumplir plenamente.

Otra estrategia útil es enfocarte en las consecuencias positivas de decir "no". Considera cómo decir "no" te permite preservar tu tiempo, energía y bienestar. Reconoce que cuando dices "no" a algo que no se alinea con tus prioridades o que te pone en un estado de estrés, estás creando espacio para las cosas que realmente son significativas para ti. Sé consciente de las recompensas a largo plazo que provienen de afirmar tus necesidades y seguir tu camino auténtico.

Una técnica efectiva para superar el sentido de culpa es practicar la autocompasión. Acepta que la culpa es una emoción natural, pero también reconoce que tienes el derecho de cuidarte. Sé amable contigo mismo y reconoce que decir "no" no te convierte en una mala persona. Experimenta la autocompasión a través de la auto-reflexión, la meditación o el diálogo interno positivo, reforzando tu autoestima y confianza en tus decisiones.

Además, es importante comunicar de manera clara y respetuosa cuando dices "no". Utiliza un lenguaje asertivo y directo para expresar tus límites y prioridades. Explica tu decisión de manera que otros puedan entender tus razones y motivos. Sé sincero, pero evita justificarte en exceso o disculparte por tu elección. Recuerda que tienes el derecho de decir "no" sin tener que dar explicaciones detalladas.

Finalmente, buscar el apoyo de personas que entiendan y respeten tus necesidades puede ser de gran ayuda. Comparte tus desafíos con amigos, familiares o grupos de apoyo que pueden ofrecer aliento y comprensión. Encontrar una comunidad que apoye tu autenticidad y tu derecho a decir "no" te dará la confianza necesaria para superar el sentido de culpa.

Recuerda que superar el sentido de culpa requiere tiempo y práctica constante. Comprométete a afirmar tus necesidades y cuidarte a ti mismo, incluso si puede parecer difícil al principio. Con el tiempo, descubrirás que el sentido de culpa disminuirá y serás capaz de decir "no" de manera auténtica y respetuosa, creando una vida más equilibrada y gratificante para ti y para los demás.

Técnicas para Decir 'No'

Cuando se trata de decir "no" de manera asertiva y respetuosa, hay varias técnicas prácticas que puedes usar para manejar esta situación con confianza y claridad. Exploramos estas técnicas en detalle para ayudarte a desarrollar tu habilidad para decir "no" de manera efectiva.

En primer lugar, es fundamental utilizar un lenguaje claro y directo cuando comunicas tu "no". Evita frases ambiguas o confusas que puedan llevar a malentendidos. Sé simple y explícito en tu respuesta, para que sea fácilmente comprensible para los demás. Por ejemplo, en lugar de responder con un vago "tal vez" o "veré", puedes decir: "Lo siento, pero no puedo aceptar esta solicitud en este momento".

Al mismo tiempo, intenta mantener tu respuesta breve y concisa, centrándote en el aspecto principal de la solicitud. No es necesario dar explicaciones prolongadas o justificaciones detalladas. Evita divagar y concéntrate en la esencia de tu mensaje. Esto te ayudará a comunicar con claridad y evitar confusiones.

Cuando dices "no", es importante hacerlo con respeto y firmeza. Sé cortés pero decidido en tu rechazo, demostrando que has considerado cuidadosamente la solicitud pero que tienes razones válidas para no aceptarla. Evita usar frases demasiado vagas o indefinidas, como "pienso que no puedo hacerlo" o "no creo que sea posible". En cambio, sé directo y expresa tu rechazo de manera asertiva: "Lo siento, pero tengo que rechazar esta solicitud".

Además, durante el proceso de comunicación de tu "no", también puedes afirmar tus necesidades y explicar por qué esa solicitud específica no se alinea con tus objetivos, tus valores o tus prioridades. No es necesario entrar en detalles excesivos, pero puedes proporcionar una breve explicación que ayude a la otra persona a entender mejor tu punto de vista. Por ejemplo, puedes decir: "Me gustaría poder hacerlo, pero en este momento tengo otro compromiso que requiere mi atención prioritaria".

Si es posible, intenta ofrecer alternativas o compromisos. Esto demuestra que estás abierto a encontrar una solución que satisfaga a ambas partes. Por ejemplo, si no puedes aceptar una solicitud para participar en un evento, puedes sugerir a una persona o un recurso que pueda reemplazarte: "Lo siento, no puedo asistir, pero puedo ponerte en contacto con un colega que podría ser capaz de ayudarte".

Mientras comunicas tu "no", trata de mantener una actitud no defensiva. Acepta que tu respuesta podría no ser bien recibida por todos y que otros pueden tener opiniones diferentes. Mantente tranquilo, abierto al diálogo y seguro en tu decisión. No te sientas culpable por haber dicho "no", sino recuerda que estás afirmando tus necesidades y límites de manera saludable y respetuosa.

Finalmente, la práctica es clave para desarrollar tu habilidad para decir "no" de manera asertiva. Puedes practicar con situaciones hipotéticas o imaginar escenarios en los que debes rechazar una solicitud. Practica tu respuesta, trabajando en tu voz, tu lenguaje corporal y tu confianza en ti mismo. Cuanto más practiques, más capaz serás de comunicar de manera efectiva y natural cuando necesites decir "no" en la vida real.

Recuerda que decir "no" de manera asertiva es un acto de respeto hacia ti mismo y hacia los demás. Utilizando estas técnicas, podrás comunicarte de manera clara, respetuosa y efectiva cuando necesites rechazar una solicitud. Desarrollar esta habilidad te ayudará a mantener límites saludables y a mejorar tus relaciones personales y profesionales.

Manejo de Relaciones Negativas

Cuando dices "no" de manera asertiva, es posible que se produzcan reacciones negativas por parte de otros. Sin embargo, es fundamental saber manejar estas situaciones de manera efectiva para preservar límites saludables y mantener relaciones positivas. Aquí algunos consejos sobre cómo enfrentar las reacciones negativas al decir "no".

Primero, mantén la calma y la compostura. Las reacciones negativas pueden desencadenar emociones intensas, pero es esencial tratar de permanecer tranquilo y controlado para manejar la situación. Evita dejarte llevar por la escalada emocional y trata de mantener una perspectiva objetiva.

Un aspecto crucial es la escucha activa. Presta atención e interés a lo que la otra persona está expresando. Intenta comprender sus razones y sus sentimientos, sin necesariamente tener que cambiar tu respuesta. Mostrar empatía y comprensión puede ayudar a reducir las tensiones y favorecer una comunicación más constructiva.

Sé asertivo al reafirmar tu posición. Reitera con claridad y firmeza tu "no", sin disculparte o justificarte en exceso. Mantén un lenguaje respetuoso pero directo y sé coherente también en tu lenguaje no verbal, por ejemplo, con una postura segura y un tono de voz estable.

Enfrenta los conflictos de manera constructiva. Si la situación desemboca en un conflicto abierto, trata de manejarlo de manera asertiva y respetuosa. Evita reacciones impulsivas o comportamientos agresivos. Busca en cambio encontrar puntos en común y buscar soluciones de compromiso, si es posible. Si el conflicto se vuelve insostenible, podría ser útil tomar un descanso para reanudar la discusión en un momento más apropiado.

Sé consciente de las presiones y manipulaciones. A veces, las personas pueden intentar hacerte sentir culpable o manipularte para obtener lo que desean. Es importante reconocer tales comportamientos y permanecer firme en tus decisiones. No cedas ante la presión emocional o la manipulación. Mantén tu autenticidad y tus límites, y sé consciente de tu derecho a decir "no" sin sentirte culpable.

Busca el apoyo de personas de confianza. Enfrentar reacciones negativas puede ser difícil, por lo que es útil tener a alguien con quien compartir tus experiencias y recibir apoyo. Habla con amigos o familiares que entiendan tu perspectiva y te apoyen en afirmar tus necesidades. Pueden ofrecerte consejos valiosos y ayudarte a mantener la determinación en tu enfoque asertivo.

Finalmente, cuídate a ti mismo. Afirmar tus necesidades y decir "no" puede ser emocionalmente exigente. Asegúrate de dedicar tiempo para ti mismo para relajarte, rejuvenecer y manejar el estrés que pueda surgir de estas situaciones. Practica el autocuidado a través de actividades que disfrutes, como el deporte, la meditación o la lectura de un buen libro. El cuidado personal es esencial para mantener una buena salud mental y emocional durante estos momentos.

Recuerda que las reacciones negativas pueden ser una parte natural del proceso de afirmación de tus necesidades y límites. Saber manejar estas situaciones de manera asertiva y respetuosa te ayudará a mantener relaciones saludables y a preservar tu autenticidad.

Ejercicios Prácticos y Escenarios

Para desarrollar tus habilidades para decir "no" de manera asertiva, es útil practicar ejercicios y escenarios hipotéticos que te enfrenten a situaciones reales donde podrías necesitar rechazar una solicitud. Estos ejercicios te ayudarán a familiarizarte con el arte de decir "no" y aplicarlo en diversos contextos, tanto personales como profesionales.

Un ejercicio práctico puede consistir en imaginar una serie de escenarios donde podrías sentirte incómodo al decir "no" y luego practicar hacerlo de manera asertiva. Por ejemplo, puedes imaginar que recibes una solicitud de trabajo extra no planificado durante el fin de semana. Practica tu respuesta asertiva, como: "Lo siento, pero ya tengo compromisos personales que no puedo posponer. No puedo aceptar esta solicitud extra".

Otro ejercicio puede involucrar la práctica del lenguaje asertivo. Toma algunos ejemplos de solicitudes que podrían hacerte sentir incómodo al responder y trata de formular respuestas asertivas. Por ejemplo, podrías recibir una solicitud de préstamo de dinero por parte de un amigo. En lugar de sentirte obligado a decir "sí" sin quererlo, intenta responder de manera asertiva, como: "Lo siento, pero en este momento no puedo permitirme prestar dinero. Espero que puedas encontrar una solución alternativa".

Otro ejercicio consiste en practicar tu respuesta a preguntas invasivas o indiscretas. Imagina recibir una pregunta personal que te haga sentir incómodo, como "¿Cuánto ganas?". Tómate el tiempo para reflexionar sobre cómo responderías de manera asertiva, respetando tu privacidad y manteniendo tu derecho a no responder. Por ejemplo, puedes decir: "Lo siento, pero no me siento cómodo compartiendo detalles financieros personales. Prefiero mantenerlos privados".

Un ejercicio adicional podría ser practicar expresiones claras y directas para afirmar tus límites. Imagina tener que decir "no" a un amigo que te pide hacer algo que no te interesa o que te crea incomodidad. Practica formular una respuesta asertiva que respete tus deseos, como: "Aprecio tu oferta, pero he decidido no participar en esta actividad. Tengo otros compromisos que requieren mi atención".

También puedes crear escenarios de role-play con un amigo o un compañero de confianza. Finge estar en diferentes situaciones y interpreten roles en los que se te pide decir "no". Esto te ayudará a experimentar diferentes dinámicas y practicar tu respuesta asertiva en un ambiente seguro. Recibe retroalimentación de la otra persona y reflexiona sobre tu desempeño, buscando mejorar y afinar tu enfoque.

El objetivo de estos ejercicios es proporcionarte la oportunidad de experimentar, practicar y aprender de la experiencia. A medida que adquieras confianza en tu capacidad de decir "no" de manera asertiva, podrás aplicar estas habilidades en la vida real y preservar tu autenticidad y bienestar en las relaciones personales y profesionales.

CAPÍTULO V

ESCUCHA ACTIVA Y EMPATÍA: PILARES DE LA COMUNICAIÓN ASERTIVA

Definición de Escucha Activa

En el contexto de la comunicación asertiva, la escucha activa es un elemento fundamental para establecer relaciones significativas y fomentar una comunicación efectiva. Mientras muchos de nosotros tendemos a escuchar de manera pasiva, la escucha activa requiere un esfuerzo consciente para estar presentes y comprometidos en la comunicación con los demás. Pero, ¿qué significa exactamente escuchar activamente?

La escucha activa implica dedicar toda nuestra atención al comunicador y a su mensaje de manera intencional y sin distracciones. Significa estar presentes en el momento y concentrarse en comprender y procesar la información que se nos transmite. En lugar de simplemente "escuchar" las palabras que se dicen, estamos abiertos a entender el significado profundo y las emociones subyacentes.

A diferencia de la escucha pasiva, que es más superficial y menos involucrada, la escucha activa implica un nivel más profundo de compromiso emocional y cognitivo. Cuando escuchamos activamente, adoptamos una serie de comportamientos que demuestran nuestro compromiso y nuestra disposición a entender y conectar con el comunicador. Esto puede incluir el uso de contacto visual, una actitud abierta y no juzgadora, el uso de gestos afirmativos y adoptar una postura relajada.

La escucha activa también se caracteriza por el uso de técnicas de reformulación y clarificación. Estas técnicas nos permiten repetir o resumir lo que hemos escuchado para confirmar nuestro entendimiento y permitir que la otra persona sienta que realmente la estamos escuchando. Por ejemplo, podemos repetir una frase clave dicha por el comunicador o pedir explicaciones adicionales para aclarar puntos que no estén claros.

La escucha activa es esencial para una comunicación asertiva porque crea un ambiente de confianza y respeto mutuo. Cuando realmente estamos presentes y nos esforzamos por entender las experiencias y puntos de vista de los demás, demostramos empatía y apertura mental. Esto fomenta una comunicación más efectiva, ya que el comunicador se sentirá escuchado y comprendido, abriendo el camino para una mayor colaboración y mejor entendimiento mutuo.

Además, la escucha activa nos permite captar las sutilezas no verbales y las expresiones emocionales del comunicador. Esta información no verbal es crucial para entender completamente el mensaje y conectar a un nivel más profundo. Cuando prestamos atención a estas sutilezas, podemos responder de manera más adecuada y empática a las emociones expresadas, demostrando así nuestro interés genuino y nuestra disposición para apoyar a la otra persona.

La escucha activa requiere práctica y conciencia. Es un proceso continuo de refinamiento de nuestras habilidades de escucha y de adaptación a las diferentes situaciones y personas con las que interactuamos. Aunque pueda parecer simple, requiere un compromiso constante para permanecer presentes, concentrados y abiertos a las experiencias de los demás.

Es un pilar fundamental de la comunicación asertiva, que implica estar presentes en el momento, comprometerse activamente en la comprensión del mensaje, de las emociones expresadas, y demostrar empatía y respeto. Practicando la escucha activa, podemos mejorar nuestras relaciones y la calidad de nuestra comunicación, fomentando una mayor comprensión y conexión con los demás.

Técnicas de Escucha Activa

Para mejorar tus habilidades de escucha activa, puedes utilizar varias técnicas prácticas que fomentan la comprensión y la conexión con el comunicador. Estas técnicas demuestran tu compromiso y tu sincero interés en la conversación, creando un ambiente de confianza y favoreciendo una comunicación más efectiva.

Una técnica útil es la paráfrasis, que consiste en repetir o resumir con tus propias palabras lo que has escuchado. Esto demuestra al comunicador que estás intentando comprender completamente su mensaje y que prestas atención a sus palabras. La paráfrasis te permite reafirmar la comprensión y crear un terreno común de compartición.

Las afirmaciones son otra técnica poderosa. Expresa tu aprecio por lo que el comunicador ha compartido o por su sinceridad. Esto reconoce el valor de sus palabras y demuestra que estás prestando atención y que comprendes la importancia de su contribución. Las afirmaciones crean un clima positivo y animan al comunicador a continuar compartiendo.

Las preguntas abiertas son una excelente estrategia para profundizar la conversación. Estas preguntas requieren una respuesta más elaborada e invitan al comunicador a compartir más detalles o sentimientos. Esto te permite explorar más profundamente su punto de vista y demuestra tu interés genuino por su perspectiva. Las preguntas abiertas estimulan una conversación más rica y significativa.

Las respuestas reflexivas son una manera de mostrar que comprendes y respetas las emociones del comunicador. Refleja lo que percibes en sus palabras, demostrando que estás intentando ponerte en su lugar y entender su experiencia emocional. Las respuestas reflexivas demuestran empatía y crean un ambiente de apoyo y comprensión.

El silencio activo es una forma de escucha poderosa. Utiliza el silencio como una forma de escucha, dándole espacio al comunicador para expresarse plenamente sin interrupciones. Esto demuestra respeto y permite al comunicador reflexionar y profundizar en sus pensamientos. El silencio activo permite una comunicación más profunda y auténtica.

Finalmente, el feedback asertivo es una forma de ofrecer una opinión constructiva sobre la comunicación del comunicador. Expresa tus pensamientos y sentimientos de manera respetuosa, destacando lo que has apreciado o sugiriendo posibles mejoras. El feedback asertivo ayuda a crear una cultura de intercambio abierto y fomenta el crecimiento personal y relacional.

El uso de estas técnicas te permitirá ir más allá de una simple escucha superficial y establecer una comunicación más auténtica y significativa con otros. Recuerda que la escucha activa requiere práctica constante y conciencia, pero los beneficios que se derivan son invaluables. Mejorarás tu capacidad de entender a otros, de conectarte con ellos en un nivel más profundo y de crear relaciones más sólidas y significativas.

Definición de Empatía

La empatía es un elemento fundamental en la comunicación asertiva y en las relaciones interpersonales. Es una habilidad que nos permite entender y compartir las emociones, pensamientos y experiencias de los demás, sintonizándonos con su mundo interior.

Definir la empatía puede ser complejo, ya que involucra aspectos tanto emocionales como cognitivos. En términos simples, la empatía puede describirse como la capacidad de ponerse en los zapatos de los demás, percibir sus emociones y comprender sus perspectivas sin juzgar. Significa acoger y respetar los sentimientos de los demás, ofreciendo un apoyo empático y creando un ambiente de comprensión mutua.

La empatía es crucial en la comunicación asertiva porque nos permite conectar de manera más profunda con los demás. Cuando somos empáticos, demostramos un interés real por la otra persona y estamos dispuestos a ver las cosas desde su punto de vista. Esto crea un sentido de confianza, respeto y apertura en la comunicación.

Practicar la empatía puede llevar a relaciones más significativas y gratificantes. Cuando los demás se sienten verdaderamente escuchados y comprendidos, se crea un sentido de cercanía y conexión que alimenta un vínculo más fuerte y auténtico. La empatía nos permite superar las barreras de la incomprensión y el juicio, abriendo el camino a una comunicación más profunda y a la resolución constructiva de conflictos.

La empatía requiere una serie de habilidades y actitudes, incluyendo la escucha activa, la atención a los detalles no verbales, la disposición para reconocer y validar las emociones de los demás y la apertura a la diversidad de perspectivas. Significa estar presentes y enfocados durante las interacciones, dedicando tiempo y energía para comprender completamente las experiencias y sentimientos de los demás.

La empatía no necesariamente significa sentir las mismas emociones que los demás, sino reconocer y respetar sus experiencias y ofrecer un apoyo compasivo. Esto requiere una cierta cantidad de autoconciencia y distinción entre nuestros propios sentimientos y los de los demás, evitando proyectar nuestras percepciones personales sobre su realidad.

Cultivar la empatía requiere práctica y un compromiso constante. Puedes desarrollar esta habilidad observando cuidadosamente a las personas a tu alrededor, tratando de entender sus experiencias y emociones. También puedes practicar la escucha activa y la validación de las emociones de los demás, tratando de ponerte en su lugar y entender sus perspectivas.

La empatía es definitivamente un elemento esencial para una comunicación asertiva y para relaciones significativas. Nos permite conectarnos con los demás en un nivel más profundo, fomentando un ambiente de confianza, respeto y comprensión mutua. Al cultivar la empatía, podemos desarrollar relaciones más auténticas y gratificantes, mejorando nuestra comunicación y enriqueciendo nuestra vida social.

La Empatía en la Comunicación Asertiva

En la comunicación asertiva, la empatía juega un papel crucial al crear un ambiente de diálogo respetuoso y constructivo. Permite comprender y respetar los puntos de vista de los demás mientras se expresan los propios, facilitando una comunicación más efectiva y una mejor gestión de los conflictos.

Cuando somos empáticos durante una conversación asertiva, podemos ponernos en los zapatos del otro individuo, tratando de comprender completamente su perspectiva y sus emociones. Esto nos permite reconocer la importancia de sus opiniones y respetar su autonomía e individualidad. La empatía nos ayuda a evitar caer en la trampa del egocentrismo y el juicio, favoreciendo en cambio un enfoque de apertura y aceptación de diferentes perspectivas.

Durante una comunicación asertiva, la empatía nos permite crear un clima de confianza y respeto mutuo. Al escuchar activamente y tratar de comprender las emociones y los puntos de vista del otro, demostramos un interés sincero por su experiencia y contribuimos a una comunicación más auténtica. Esto puede facilitar la disposición a colaborar, encontrar soluciones compartidas y gestionar los conflictos de manera constructiva.

La empatía en la comunicación asertiva también requiere la habilidad de equilibrar nuestras propias necesidades y deseos con los de los demás. Mientras nos expresamos de manera asertiva, estamos conscientes de nuestras emociones y nuestros objetivos, pero también estamos abiertos a considerar el punto de vista del otro. Esto nos permite comunicarnos de manera respetuosa y buscar un equilibrio que satisfaga a ambas partes involucradas.

La empatía en la comunicación asertiva puede practicarse a través de varias estrategias. Primero, la escucha activa es un elemento clave. Cuando somos empáticos, dedicamos nuestra atención completa al otro individuo,

escuchando no solo las palabras, sino también las emociones y las señales no verbales. Esto nos permite comprender completamente lo que se está comunicando y responder de manera apropiada.

Además, la empatía requiere la habilidad de validar las emociones del otro. Reconocer y aceptar las emociones del otro individuo, sin juzgar o minimizar, es esencial para crear un ambiente de comprensión mutua. Podemos expresar nuestra comprensión y apoyo a través de frases como "Entiendo que te sientas frustrado" o "Puedo imaginar que esta situación ha sido difícil para ti".

El uso de preguntas abiertas también puede alentar al otro a compartir más detalles y expresar sus emociones. Preguntar *"¿Cómo te sientes respecto a esta situación?"* o *"¿Qué es lo que más te preocupa de este asunto?"* puede ayudar a profundizar más y demostrar un interés genuino en el bienestar del otro individuo.

La empatía desempeña un rol crucial en la comunicación asertiva. Nos permite comprender y respetar los puntos de vista de los demás mientras expresamos los nuestros, creando un ambiente de diálogo respetuoso y constructivo. La práctica de la empatía facilita una comunicación más efectiva, una gestión de conflictos más equilibrada y la creación de relaciones más significativas y satisfactorias.

Barreras al Escuchar Activo y la Empatía

En el proceso de escuchar activamente y empatizar, enfrentamos algunas barreras comunes que pueden obstaculizar nuestra capacidad para comprender completamente a los demás y ponernos en su lugar. Estas barreras incluyen distracciones, prejuicios, egocentrismo y preocupaciones personales.

Las distracciones pueden provenir de factores externos, como ruidos de fondo o dispositivos tecnológicos, pero también de distracciones internas, como pensamientos o preocupaciones que nos desvían de escuchar atentamente a los demás. Para superar esta barrera, es importante crear un ambiente libre de distracciones y comprometerse activamente a mantenerse concentrado durante la comunicación.

Los prejuicios pueden afectar nuestra capacidad para escuchar activa y empáticamente. Cuando estamos influenciados por prejuicios, tendemos a interpretar las palabras o acciones de los demás basándonos en nuestros preconceptos en lugar de tratar de entender su verdadero significado. Para superar esta barrera, debemos ser conscientes de nuestros prejuicios y trabajar para evitar que influyan en nuestra escucha y nuestra capacidad de empatizar.

El egocentrismo es otra barrera común que nos impide ponernos verdaderamente en el lugar de los demás. Cuando somos egocéntricos, tendemos a ver el mundo solo a través de nuestra perspectiva y a dar más importancia a nuestras experiencias y sentimientos que a los de los demás. Superar esta barrera requiere ampliar nuestra perspectiva y reconocer la importancia de las experiencias y puntos de vista de otras personas.

Las preocupaciones personales pueden interferir con nuestra capacidad de escuchar atentamente a los demás. Cuando estamos preocupados por nuestros propios asuntos, puede ser difícil concentrarnos completamente en los demás y comprender plenamente lo que están diciendo o expresando. Para superar esta barrera, debemos practicar la conciencia plena y encontrar maneras de manejar el estrés o las preocupaciones personales para poder estar presentes durante la comunicación.

Enfrentar estas barreras requiere un compromiso constante para mejorar nuestras habilidades de escucha activa y empatía. Debemos desarrollar la conciencia de cuándo estas barreras entran en juego y adoptar estrategias para superarlas. Esto puede incluir la práctica de la auto-observación, el deseo de ponerse en el lugar de los demás, el uso de técnicas de relajación para manejar el estrés y la adaptación del entorno de comunicación para reducir las distracciones.

Superando estas barreras, podemos mejorar nuestra capacidad de escuchar activamente y ponernos en el lugar de los demás, abriendo el camino hacia una comunicación más efectiva, relaciones más significativas y una mayor comprensión mutua. Es un proceso que requiere práctica y compromiso constante, pero los resultados son gratificantes y nos ayudan a desarrollar relaciones más fuertes y conexiones más auténticas con los demás.

Prácticas y Actividades

Para desarrollar habilidades de escucha activa y empatía, puedes participar en una serie de ejercicios y actividades prácticas que te ayudarán a mejorar tus habilidades y aplicarlas en la vida cotidiana.

Una opción efectiva es el "role-playing", un ejercicio interactivo donde dos personas asumen roles específicos para simular una conversación. Esto te permite ponerte en el lugar de los demás y practicar la escucha activa y la empatía en situaciones realistas o hipotéticas. Puedes crear escenarios que reflejen situaciones comunes que podrías enfrentar, como una discusión difícil con un colega o un enfrentamiento emocional con un amigo. A través del "role-playing", podrás experimentar diferentes perspectivas y practicar tu habilidad para escuchar atentamente y responder de manera empática.

La meditación de atención plena es otra práctica poderosa para desarrollar la escucha activa y la empatía. Dedica tiempo cada día para sentarte en silencio, concentrarte en tu respiración y observar tus pensamientos y emociones sin juzgarlos. Esto te ayuda a desarrollar una mayor conciencia de ti mismo y de los demás, fomentando la escucha atenta y sin prejuicios. Cuando practicas la meditación de atención plena, te vuelves más consciente de tus pensamientos y reacciones, lo que te permite estar más presente durante las interacciones con otros y responder de manera empática a sus necesidades y sentimientos.

El diario reflexivo es una actividad útil para explorar tu proceso de escucha y desarrollar la empatía. Mantén un diario donde escribas tus reflexiones sobre encuentros y experiencias diarias, enfocándote en la escucha activa y la empatía. Reflexiona sobre cómo reaccionaste a las palabras y emociones de los demás, reconociendo tus reacciones y buscando formas de mejorar tu capacidad de comprensión y conexión con los demás. El diario reflexivo te permite examinar tus interacciones pasadas e identificar tus áreas de fortaleza y mejora en el proceso de escucha activa y empatía.

Otra actividad valiosa es la práctica del silencio. Dedica un período de tiempo cada día en el que te comprometas a no hablar y concentrarte en la escucha activa. Durante este tiempo, presta atención a las señales verbales y no verbales de los demás, concentrándote en sus palabras, expresiones faciales y lenguaje corporal. Sumérgete completamente en la escucha sin interrumpir o pensar en lo que dirás a continuación. Esta práctica te ayudará a mejorar tu capacidad para escuchar atentamente y comprender las sutilezas de las comunicaciones de los demás.

Involucrar a un grupo de personas en actividades de escucha y compartir puede ser muy efectivo para desarrollar la escucha activa y la empatía. Organiza sesiones en las que las personas se emparejen o formen pequeños grupos para compartir experiencias, pensamientos o emociones. Durante estas sesiones, el enfoque principal es la escucha activa y la empatía mutua. Cada participante tiene la oportunidad de expresar sus pensamientos y ser escuchado sin interrupciones o juicios. Esto fomenta la práctica de la escucha activa y profundiza las habilidades empáticas en un contexto de apoyo y intercambio mutuo.

La lectura y discusión de libros sobre temas relacionados con la escucha activa, la empatía y la comunicación pueden ser una excelente manera de ampliar tu comprensión y adquirir nuevas perspectivas. Hay muchos libros que ofrecen consejos prácticos y estrategias para desarrollar habilidades de escucha activa y empatía. Después de la lectura, puedes organizar discusiones o grupos de estudio para compartir tus reflexiones, profundizar los temas tratados y aprender de otros participantes.

Recuerda que el desarrollo de habilidades de escucha activa y empatía requiere práctica constante y compromiso. Dedica tiempo regular a estas actividades y trata de aplicar las habilidades adquiridas en tu vida diaria. Con el tiempo, verás mejoras significativas en tu capacidad para escuchar, comprender y conectarte de manera más auténtica y profunda con los demás. La escucha activa y la empatía fomentan relaciones más significativas y un mejor desarrollo de conexiones humanas.

CAPÍTULO VI

ASERTIVIDAD EN LA VIDA COTIDIANA: PRATICAR LA COMUNICÀCIÓN AUTÈNTICA EN EL TRABAJO Y EN LAS RELAZIONES PERSONALES

Asertividad en el Trabajo

La asertividad desempeña un papel crucial en el contexto laboral, ya que facilita una comunicación efectiva, la gestión de conflictos y la creación de relaciones profesionales sólidas. Aplicar técnicas de asertividad puede ser extremadamente beneficioso para manejar las dinámicas laborales de manera efectiva.

En la relación con los compañeros, la asertividad te permite expresar tus opiniones, ideas y preocupaciones de manera clara y respetuosa. Puedes contribuir activamente a las discusiones de grupo, ofreciendo tu punto de vista y escuchando atentamente a los demás. La asertividad te permite colaborar constructivamente, negociar acuerdos y manejar conflictos de manera equilibrada. La capacidad de comunicarte de manera asertiva con los colegas promueve un ambiente de trabajo positivo y productivo.

En las relaciones con los superiores, la asertividad te permite expresar tus ideas, ambiciones y necesidades de manera profesional. Puedes solicitar retroalimentación sobre tu trabajo, pedir oportunidades de desarrollo y negociar condiciones de trabajo más favorables. Ser asertivo con los superiores te ayuda a demostrar más confianza en ti mismo y a crear una relación de respeto mutuo. Sin embargo, es importante hacerlo con tacto y respeto por la autoridad, buscando soluciones "ganar-ganar" que satisfagan a ambas partes.

También en la interacción con los clientes, la asertividad es una habilidad valiosa. Puedes manejar solicitudes irracionales o comportamientos inapropiados de manera asertiva, defendiendo tus límites y protegiendo los intereses de la empresa. Al mismo tiempo, puedes expresar empatía y buscar soluciones alternativas que satisfagan las necesidades del cliente. La asertividad te ayuda a mantener un equilibrio entre satisfacer las demandas de los clientes y proteger tu bienestar profesional.

La asertividad en el trabajo también requiere una buena gestión del estrés y de las emociones. Ser capaz de comunicarte de manera asertiva incluso bajo presión o en situaciones difíciles es una habilidad que se puede desarrollar con práctica. El autocontrol, la gestión de las emociones y la capacidad de mantener la calma son puntos clave para enfrentar los desafíos laborales de manera asertiva y constructiva.

Para desarrollar la asertividad en el trabajo, puedes practicar técnicas específicas como el uso de mensajes en primera persona para expresar tus sentimientos y necesidades de manera clara, el uso de preguntas abiertas para fomentar la comunicación y la escucha activa para demostrar interés y comprensión. También puedes practicar la gestión de conflictos, aprendiendo a negociar y encontrar soluciones colaborativas.

Es importante recordar que la asertividad en el trabajo no significa ser agresivo o dominante, sino que se trata de equilibrar el respeto por uno mismo y por los demás, buscando crear un clima de colaboración y confianza mutua. La asertividad contribuye a desarrollar una reputación profesional positiva, aumentar tu autoestima y promover oportunidades de crecimiento y éxito en tu carrera laboral.

Asertividad en las Relaciones Personales

La comunicación asertiva desempeña un papel fundamental en la mejora de las relaciones personales en diversos contextos, como las relaciones familiares, románticas y de amistad. Ser asertivo significa expresar tus pensamientos, sentimientos y necesidades de manera clara y respetuosa, sin violar los derechos de los demás. Aquí te mostramos cómo la comunicación asertiva puede mejorar tus relaciones personales.

En las relaciones familiares, la asertividad promueve una comunicación abierta y sincera. Puedes expresar tus puntos de vista y preocupaciones de manera asertiva, mientras escuchas a los demás miembros de la familia. Esto crea un clima de confianza y respeto mutuo, fomentando una mayor comprensión y armonía familiar. La asertividad también te ayuda a manejar los conflictos de manera equilibrada, buscando soluciones que satisfagan las necesidades de todos los miembros de la familia.

En las relaciones románticas, la asertividad es esencial para comunicar tus deseos, expectativas y preocupaciones de manera abierta y honesta. Puedes expresar tus sentimientos y necesidades de manera clara, evitando adoptar una actitud pasiva o agresiva. La comunicación asertiva promueve la comprensión mutua, la resolución de problemas y la creación de un vínculo más profundo y auténtico con tu pareja.

En las relaciones de amistad, la asertividad te permite establecer límites claros y mantener una comunicación abierta y respetuosa. Puedes expresar tus pensamientos y sentimientos sin miedo a ser juzgado o rechazado. La asertividad fomenta la creación de lazos más fuertes y duraderos, basados en la confianza, la sinceridad y el intercambio mutuo. También puedes ayudar a tus amigos a entender mejor tus necesidades y respetarlas, contribuyendo a una relación más equilibrada y gratificante.

La comunicación asertiva en las relaciones personales también implica la habilidad de escuchar activamente a los demás. La escucha activa es un elemento esencial para crear una conexión profunda y significativa con los demás. Significa prestar completa atención a la persona que habla, mostrando interés y comprensión. La escucha activa te permite entender mejor las emociones y necesidades de los demás, fortaleciendo así la relación y la confianza mutua.

Ser asertivo en las relaciones personales también requiere la gestión de las emociones. Es importante ser consciente de tus propias emociones y aprender a expresarlas adecuadamente, evitando reprimir o descargar las emociones en los demás. La asertividad te permite comunicar tus sentimientos de manera respetuosa, creando un espacio seguro para expresar y manejar las emociones con las personas que te importan.

Para desarrollar la comunicación asertiva en las relaciones personales, puedes practicar expresando tus pensamientos y sentimientos de manera clara y tranquila. También puedes trabajar en tu habilidad de escucha activa, haciendo preguntas, reflejando las emociones de los demás y mostrando empatía. La práctica constante de estas habilidades contribuirá a mejorar tus relaciones personales, promoviendo una interacción más saludable y gratificante con las personas que te importan.

Gestión del Estrés y la Ansiedad

La gestión del estrés y la ansiedad es fundamental para mantener un bienestar psicológico y relacional. La asertividad puede desempeñar un papel significativo en la gestión de estos desafíos, ayudándote a enfrentar situaciones estresantes y a aliviar la ansiedad relacionada con la comunicación y las relaciones interpersonales.

La asertividad te permite comunicarte de manera efectiva y respetuosa, expresando tus pensamientos y sentimientos de manera clara y directa. Esto reduce la tensión derivada de comunicaciones ambiguas o no asertivas, evitando malentendidos y malinterpretaciones que pueden aumentar el estrés y la ansiedad.

Cuando eres asertivo, tienes la capacidad de expresar tus necesidades y límites de manera abierta. Esto te ayuda a establecer límites saludables en tus relaciones, evitando cargas de trabajo excesivas, demandas desmedidas o abusos. Una gestión adecuada de los límites favorece un equilibrio entre tus responsabilidades y tu bienestar, reduciendo el estrés y la ansiedad derivados de situaciones de sobrecarga.

Además, la asertividad te permite gestionar conflictos de manera constructiva. Puedes expresar tu punto de vista, escuchar a los demás y buscar soluciones de compromiso. Este enfoque reduce la tensión y la presión emocional asociada con los conflictos no resueltos, contribuyendo a una reducción del estrés y la ansiedad en las relaciones interpersonales.

La asertividad también te ayuda a desarrollar un sentido de control y confianza en tus habilidades comunicativas. Cuando eres capaz de expresar tus ideas y opiniones de manera asertiva, aumenta tu autoestima y la percepción de competencia en la gestión de situaciones sociales. Esto a su vez reduce la ansiedad social y el temor al juicio o rechazo.

La práctica de la asertividad implica también la gestión de las emociones. Cuando eres capaz de expresar tus emociones de manera adecuada y asertiva, reduces la probabilidad de suprimir o reprimir emociones negativas, que pueden llevar a un aumento del estrés y la ansiedad. La asertividad te permite comunicar tus emociones de manera saludable, facilitando también la comprensión mutua en las relaciones.

Para desarrollar la asertividad en la gestión del estrés y la ansiedad, puedes utilizar algunas estrategias prácticas. Por ejemplo, puedes practicar la respiración profunda y la consciencia para calmar la mente y reducir la ansiedad en situaciones estresantes. También puedes practicar expresar tus necesidades y tus límites de manera asertiva, utilizando frases claras y asertivas como "Me gustaría...", "Me siento..." o "Necesito...".

Además, puedes desarrollar una mentalidad orientada a la solución, buscando alternativas y tratando de encontrar un terreno común en situaciones de conflicto. La práctica de la empatía y la escucha activa te ayuda a entender mejor a los demás y a reducir las reacciones negativas asociadas al estrés y la ansiedad.

Recuerda que la asertividad es una habilidad que requiere práctica constante. Con perseverancia y compromiso en cultivar la asertividad, serás capaz de gestionar el estrés y la ansiedad relacionados con la comunicación y las relaciones interpersonales de manera más efectiva y gratificante.

Asertividad y Gestión de Conflictos

La asertividad juega un papel crucial en la gestión de conflictos, ya que promueve un enfoque constructivo que favorece el respeto mutuo y la comprensión entre las partes involucradas. Utilizando la asertividad como herramienta de gestión de conflictos, es posible abordar las discrepancias de manera equilibrada y encontrar soluciones que satisfagan las necesidades de ambas partes.

Cuando se utiliza la asertividad para gestionar conflictos, es importante comenzar reconociendo las propias emociones y necesidades. Comprender y comunicar tus sentimientos e intereses de manera clara y calmada es esencial para iniciar una discusión constructiva. La asertividad te permite expresar tus puntos de vista sin agresividad o pasividad, buscando un equilibrio entre la afirmación de tus propias necesidades y el respeto por los demás.

Otro componente clave de la asertividad en la gestión de conflictos es la escucha activa. Mientras expresas tu punto de vista, también es importante dedicar atención y respeto a la opinión y los sentimientos de la otra persona involucrada. La escucha activa implica hacer preguntas, tratar de comprender el punto de vista del otro y mostrar empatía. Esto contribuye a crear un clima de respeto mutuo y abre la puerta a una comprensión más profunda del conflicto.

Durante la gestión de conflictos de manera asertiva, es útil centrarse en el problema específico en lugar de atacar personalmente a la otra persona. El objetivo es encontrar una solución que satisfaga a ambas partes, por lo tanto, concentrarse en los intereses comunes y en lograr un resultado beneficioso para ambos. La asertividad te ayuda a comunicar tus necesidades y buscar compromisos sin comprometer tu integridad.

El uso de un lenguaje claro y respetuoso es otro aspecto importante de la asertividad en la gestión de conflictos. Evitar el uso de tonos acusatorios o agresivos y elegir palabras que sean claras, pero no ofensivas. Por ejemplo, puedes utilizar frases como "Me siento... cuando... porque..." para expresar tus emociones y las consecuencias de las acciones de la otra persona. El objetivo es comunicar de manera efectiva y constructiva, evitando desencadenar más tensiones o malentendidos.

La búsqueda de soluciones creativas y colaborativas es otra característica de la asertividad en la gestión de conflictos. En lugar de buscar una victoria a toda costa, se trata de encontrar un terreno común y desarrollar opciones que satisfagan a ambas partes. Esto requiere flexibilidad y apertura mental, pero contribuye a promover una relación de confianza y a evitar resentimientos o resoluciones parciales.

Finalmente, es importante recordar que la gestión asertiva de conflictos requiere práctica constante. Aprender a gestionar conflictos de manera asertiva lleva tiempo y experiencia, pero los beneficios son numerosos. La asertividad promueve relaciones más sólidas y auténticas, donde las discrepancias se abordan de manera constructiva y los conflictos se convierten en oportunidades para crecer y mejorar la comunicación.

La asertividad es una herramienta poderosa para la gestión de conflictos y utilizándola es posible enfrentarlos de manera equilibrada, respetando las propias emociones y necesidades, así como las de los demás. La gestión asertiva de conflictos promueve el respeto mutuo, la comprensión y la colaboración, contribuyendo a la construcción de relaciones más sanas y satisfactorias.

Construir una Comunicación Auténtica

Construir una comunicación auténtica y asertiva es un proceso que requiere autoconocimiento y un compromiso hacia la sinceridad y la apertura. Ser capaz de comunicarse de manera auténtica y asertiva es fundamental para desarrollar relaciones sólidas y leales. Aquí tienes algunos consejos y estrategias para construir una comunicación auténtica.

En primer lugar, es importante ser consciente de tus propias emociones y necesidades. Tómate un tiempo para reflexionar sobre cómo te sientes y lo que realmente deseas. Reconocer tus emociones te ayuda a comunicarlas de manera sincera a los demás. Ser auténtico en la comunicación significa ser honesto contigo mismo y con los demás, sin ocultar o manipular tus sentimientos y necesidades.

Otro aspecto importante para construir una comunicación auténtica es estar presente en el momento actual. A menudo estamos distraídos por pensamientos o preocupaciones, que pueden influir en nuestra capacidad de comunicarnos de manera auténtica. Practicar la conciencia plena y la presencia mental te ayuda a concentrarte en las interacciones y a ser más atento a tus necesidades y a las de los demás.

Desarrollar la habilidad de expresarte de manera clara y respetuosa es otra clave para construir una comunicación auténtica. Utiliza un lenguaje directo y sincero, evitando ambigüedades o subtextos. Expresa tus pensamientos y sentimientos de manera asertiva, sin atacar u ofender a los demás. Reconoce que tu opinión tiene valor y merece ser escuchada.

Ser abierto a escuchar y comprender a los demás es un elemento fundamental para una comunicación auténtica. Practica la escucha activa, haciendo preguntas, reflejando las emociones de los demás y demostrando un interés genuino. Mostrar empatía hacia los demás te ayuda a establecer conexiones más profundas y a entender mejor sus perspectivas. La comunicación auténtica no solo se trata de expresarse a uno mismo, sino también de la capacidad de escuchar y comprender a los demás.

Sé consciente de tus límites y fronteras personales. Aprende a decir "no" cuando sea necesario, respetando tus límites y escuchando tus necesidades. Saber comunicar tus fronteras de manera respetuosa, sin miedo a ser juzgado o rechazado, es un aspecto esencial de la autenticidad.

La práctica de la comunicación auténtica requiere tiempo y experiencia. Puedes ejercitarte en la vida cotidiana, tratando de expresar tus pensamientos y sentimientos de manera honesta y directa. También puedes buscar oportunidades de retroalimentación y compartir tus experiencias con personas de confianza que puedan ofrecer observaciones y apoyo constructivo.

Finalmente, sé paciente contigo mismo durante este proceso. Construir una comunicación auténtica lleva tiempo, autoconocimiento y práctica. Acepta que habrá momentos en los que podrías cometer errores o sentirte vulnerable. Sé amable contigo mismo y trata de aprender de tus errores, avanzando hacia una comunicación más auténtica y efectiva.

Construir una comunicación auténtica requiere esfuerzo y apertura. Cuando eres capaz de expresarte de manera sincera y respetuosa, creas espacios para relaciones más auténticas y significativas. La comunicación auténtica te permite conectarte con los demás en un nivel más profundo, creando un sentido de confianza y comprensión mutua.

Ejercicios Prácticos y Escenarios

Para mejorar tus habilidades asertivas en diferentes contextos de la vida diaria, es fundamental entrenarte con ejercicios prácticos y escenarios reales. Estos ejercicios te permiten poner en práctica las técnicas de asertividad aprendidas y desarrollar confianza en su uso en situaciones reales.

Un ejercicio efectivo consiste en el rol invertido, donde un amigo o pareja interpreta a un personaje agresivo o pasivo mientras tú respondes de manera asertiva. Esta simulación te permite expresar tus pensamientos y sentimientos de manera clara y respetuosa, utilizando frases asertivas como "Me siento... cuando... porque...". Este ejercicio te ayuda a desarrollar la habilidad de comunicarte de manera asertiva incluso en situaciones potencialmente difíciles.

Otro ejercicio involucra la creación de escenarios de negociación, que pueden ser situaciones reales o imaginarias. Esto te permite practicar la capacidad de encontrar soluciones de compromiso que satisfagan a ambas partes involucradas. Por ejemplo, podrías imaginar una negociación con tu empleador sobre horarios de trabajo flexibles o una discusión sobre la división de las tareas domésticas con tu pareja. Intenta equilibrar tus necesidades con las de los demás y usa tu asertividad para expresar tus puntos de vista de manera respetuosa y escuchar activamente a los demás.

Un ejercicio centrado en la expresión de límites personales puede ser muy útil. Aprende a decir "no" cuando superes tus límites personales y practica el arte de comunicar tus fronteras a los demás. Este ejercicio te ayuda a desarrollar la confianza en defender tus límites personales y a comunicar de manera respetuosa, pero directa, lo que te hace sentir incómodo o lo que consideras inapropiado.

Otro ejercicio puede involucrar la gestión de comentarios negativos. Imagina recibir un comentario negativo o una observación ofensiva y practica tu respuesta de manera asertiva, evitando caer en la defensividad o agresividad. Aprende a manejar las críticas de manera constructiva, expresando tu punto de vista de manera calmada y asertiva.

Un ejercicio de escucha activa puede ser muy beneficioso para desarrollar la empatía y la capacidad de comprender a los demás. Toma un compañero para practicar y compartir experiencias personales, practicando la escucha activa a través de preguntas abiertas, parafraseo y reflexiones sobre las emociones de la otra persona. Este ejercicio mejora tu capacidad de escuchar atentamente y mostrar empatía, dos elementos esenciales de la asertividad.

Es importante recordar que la práctica de la asertividad no se limita solo a ejercicios estructurados. Desafíate a ti mismo a ser asertivo en la vida cotidiana, incluso en situaciones comunes como ordenar una comida en un restaurante, dar retroalimentación a un colega o expresar un deseo personal. La práctica constante te ayudará a desarrollar una asertividad más natural y espontánea.

Recuerda, el objetivo principal de estos ejercicios es ganar confianza en tus habilidades asertivas e integrar estas nuevas competencias en tu vida diaria. Con práctica constante y voluntad de mejorar, serás capaz de construir una comunicación auténtica y asertiva que te permitirá expresarte de manera clara, respetuosa y efectiva en las diversas situaciones de la vida diaria.

CAPÍTULO VII

GESTIÓN DE CONFLICTOS: UTILIZAR LA ASERTIVIDAD PARA LLEGAR A COMPROMISOS EFECTIVOS

El Papel del Conflicto en las Relaciones

El conflicto es un elemento intrínseco en las relaciones interpersonales. A menudo se considera negativamente, asociado con tensiones, incomodidades y problemas. Sin embargo, el conflicto puede desempeñar un papel significativo en el contexto relacional, ya que puede ser tanto un obstáculo como una oportunidad para el crecimiento y el aprendizaje personal.

Por un lado, el conflicto puede representar un desafío para las relaciones. Las diferencias de opiniones, las distintas perspectivas y las discordias pueden generar tensión y dificultades de comunicación. El conflicto puede llevar a una sensación de malestar y poner a prueba el vínculo entre las personas involucradas. Sin embargo, es importante subrayar que el conflicto no es necesariamente negativo. Puede ser un indicador de diferencias individuales, de deseos y necesidades insatisfechos o de problemas no resueltos. Ignorar o evitar el conflicto puede llevar a una comunicación ineficaz y al deterioro relacional.

Por otro lado, el conflicto ofrece una oportunidad para el crecimiento y el aprendizaje. Cuando se maneja de manera constructiva, el conflicto puede llevar a una mayor comprensión mutua, a la exploración de nuevas soluciones y a la evolución de las dinámicas relacionales. El enfrentamiento de diferentes perspectivas y la discusión abierta pueden fomentar la creatividad y la innovación. Además, el conflicto puede revelar los aspectos ocultos en las relaciones sociales y ofrecer la oportunidad de abordar los problemas subyacentes.

Para aprovechar al máximo el potencial positivo del conflicto, es esencial adoptar un enfoque asertivo y colaborativo. Esto implica la disposición a escuchar activamente, respetar las opiniones de los demás y buscar soluciones que sean mutuamente beneficiosas. La comunicación abierta y sincera es fundamental para abordar los problemas de manera constructiva y evitar que el conflicto degenera en una situación de confrontación o dominación.

Es importante separar la persona del problema. Centrarse en los intereses y necesidades subyacentes, en lugar de atacar a la persona misma, favorece una gestión efectiva del conflicto. Aprender a controlar las emociones y a comunicar de manera clara y empática es crucial para promover un diálogo abierto y respetuoso.

Es importante recordar que cada conflicto es único y requiere una atención personalizada. Algunos conflictos pueden resolverse fácilmente con una simple comunicación asertiva, mientras que otros pueden requerir la intervención de un mediador o un consejero de pareja. La autoconsciencia y la capacidad de adaptarse a diferentes situaciones de conflicto son habilidades importantes que desarrollar para gestionar eficazmente las relaciones.

Podemos decir que el conflicto desempeña un papel crucial en las relaciones interpersonales. Aunque puede representar un desafío, el conflicto también ofrece la oportunidad de crecer, aprender y mejorar las relaciones. A través de la adopción de un enfoque asertivo, colaborativo y respetuoso, es posible transformar el conflicto en una ocasión de crecimiento personal y enriquecimiento de las relaciones.

Asertividad y Conflicto

La asertividad desempeña un papel crucial en la gestión de conflictos, ya que permite una comunicación abierta y respetuosa de las diversas perspectivas involucradas. Cuando se es asertivo, se es capaz de expresar los propios pensamientos, sentimientos y necesidades de manera clara y respetuosa, sin suprimir ni agredir a los demás. Este estilo de comunicación facilita la gestión constructiva de los conflictos, promoviendo un diálogo abierto y la búsqueda de soluciones que sean ventajosas para todas las partes involucradas.

Uno de los principales desafíos en la gestión de conflictos es la tendencia a caer en comportamientos agresivos o pasivos. La agresividad implica imponer las propias opiniones y necesidades sobre los demás sin tener en cuenta sus perspectivas, mientras que la pasividad implica la supresión de los propios sentimientos y necesidades, evitando el enfrentamiento directo. Ambos estilos de comunicación obstaculizan la resolución de conflictos, ya que carecen de apertura, respeto mutuo y empatía.

La asertividad, por el contrario, permite enfrentar los conflictos de manera constructiva. Inicialmente, es importante reconocer que el conflicto es una parte natural de las relaciones humanas y puede llevar a una mayor comprensión y crecimiento si se gestiona adecuadamente. Ser asertivo significa escuchar activamente las diversas perspectivas, tratar de comprender las necesidades y puntos de vista de los demás y comunicar los propios pensamientos y sentimientos de manera clara y respetuosa.

El uso de frases asertivas, como "Me siento... cuando... porque..." ayuda a expresar los propios sentimientos sin acusar a los demás. Esto permite crear un clima de apertura y respeto mutuo, favoreciendo una comunicación constructiva y la búsqueda de soluciones comunes.

Otro aspecto fundamental de la asertividad en la gestión de conflictos es la habilidad para negociar. La asertividad permite encontrar compromisos y soluciones que satisfagan las necesidades de ambas partes involucradas. Es importante buscar puntos de acuerdo y trabajar juntos para encontrar una solución que tenga en cuenta las diferentes perspectivas y necesidades.

Un elemento clave de la gestión asertiva de los conflictos es la gestión de las emociones. Es normal sentir frustración, ira o decepción durante un conflicto, pero es fundamental evitar que estas emociones dominen el diálogo. La asertividad permite expresar las propias emociones de manera calmada y controlada, sin atacar personalmente a los demás o deslizarse hacia comportamientos agresivos.

Además, la empatía juega un papel fundamental en la gestión de conflictos de manera asertiva. Ser empático significa tratar de comprender las emociones y perspectivas de los demás, poniéndose en su lugar. Favorece la creación de un clima de comprensión mutua y facilita la resolución del conflicto a través de una comunicación abierta y respetuosa.

Finalmente, la práctica constante de la asertividad en la gestión de conflictos es esencial para desarrollar habilidades empáticas. A través de ejercicios de "role-playing", simulaciones de situaciones conflictivas y la reflexión sobre episodios pasados, es posible afinar las competencias asertivas y mejorar la gestión de conflictos.

La asertividad es fundamental en la gestión de conflictos. Permite enfrentar las divergencias de manera constructiva, promoviendo una comunicación abierta, respetuosa y orientada a la búsqueda de soluciones comunes. A través del escucha activa, la expresión de los propios necesidades y sentimientos, y la negociación, la asertividad facilita la resolución de conflictos y promueve relaciones más saludables y significativas.

Estrategias de Gestión de Conflictos

En la gestión de conflictos, la asertividad desempeña un papel fundamental al favorecer una comunicación abierta y respetuosa. Existen diversas estrategias específicas que se pueden utilizar para gestionar los conflictos de manera asertiva, promoviendo la comprensión mutua y la búsqueda de soluciones comunes. El uso de estas estrategias requiere práctica y conciencia, pero puede contribuir a crear relaciones más saludables y duraderas.

Una de las estrategias clave para gestionar los conflictos de manera asertiva es el uso de mensajes en primera persona. Esto implica expresar los propios pensamientos, sentimientos y necesidades de manera directa y sincera, evitando atribuir culpas o acusar a los demás. Por ejemplo, en lugar de decir "Tú siempre estás equivocado", se puede decir "Me siento frustrado cuando no estamos de acuerdo, porque deseo encontrar una solución que nos satisfaga a ambos". Los mensajes en primera persona permiten expresar de manera asertiva lo que se desea comunicar sin poner a los demás a la defensiva.

Otra estrategia efectiva es la escucha activa, que implica prestar plena atención a la otra persona, mostrando interés y tratando de comprender su perspectiva. La escucha activa requiere evitar interrupciones, hacer preguntas para aclarar y reflejar lo que se ha dicho. Esto demuestra respeto por la opinión del otro y crea un ambiente favorable para la resolución de conflictos.

La negociación es otro punto clave para la gestión de conflictos. Consiste en buscar un terreno común y encontrar soluciones que satisfagan las necesidades de ambas partes involucradas. La negociación requiere una comunicación abierta y respetuosa, en la que ambas partes expresen sus deseos y busquen compromisos. Esto implica una mentalidad orientada a la colaboración, en la que se buscan soluciones creativas y beneficiosas para todos.

La búsqueda del compromiso es otra estrategia útil en la gestión de conflictos. Esto implica estar dispuesto a ceder en algunos puntos con el fin de alcanzar un acuerdo equilibrado. La búsqueda del compromiso requiere flexibilidad y apertura mental, buscando soluciones que sean aceptables para ambas partes.

Durante la gestión de conflictos, es importante reconocer y gestionar las emociones de manera constructiva. Los conflictos pueden suscitar emociones fuertes, como ira, frustración o tristeza. Es fundamental reconocer y manejar estas emociones de manera saludable durante el proceso de resolución del conflicto. Es necesario tomarse un descanso para calmarse antes de responder y practicar técnicas de gestión del estrés o utilizar estrategias de comunicación que ayuden a mantener la calma. La gestión de las emociones permite abordar el conflicto de manera asertiva y racional.

En algunos casos, puede ser útil involucrar a un mediador o a un tercero imparcial para ayudar a gestionar el conflicto de manera constructiva. Un mediador puede facilitar la comunicación entre las partes, proporcionando un entorno seguro y guiando el proceso de resolución del conflicto.

La gestión de conflictos requiere práctica y conciencia. Es importante desarrollar habilidades de comunicación asertiva y de gestión de conflictos a través del ejercicio y la experiencia. Con el tiempo, el uso de estas estrategias se volverá más natural y contribuirá a crear relaciones más saludables y satisfactorias.

Creación de Compromisos Eficaces

En la gestión de conflictos, la asertividad desempeña un papel fundamental al favorecer una comunicación abierta y respetuosa. Uno de los principales desafíos durante un conflicto es encontrar un compromiso que satisfaga las necesidades y deseos de todas las partes involucradas. La asertividad puede ser utilizada como una herramienta eficaz para crear compromisos que sean justos y adecuados.

Crear un compromiso eficaz requiere una actitud colaborativa y abierta al diálogo. Es importante reconocer que ambas partes tienen necesidades válidas y que el objetivo es encontrar una solución que sea beneficiosa para todos. La asertividad permite expresar las propias necesidades y deseos de manera clara y respetuosa, sin descuidar o sofocar las necesidades de los demás.

Un primer paso para crear un compromiso eficaz es la escucha activa de las diferentes perspectivas. Es crucial tratar de comprender plenamente las motivaciones y puntos de vista de las otras personas involucradas en el conflicto. La escucha activa permite crear un clima de comprensión mutua y favorece la búsqueda de una solución que satisfaga las necesidades de todos.

Posteriormente, es necesario identificar los intereses comunes y las áreas en las que las partes puedan encontrar un terreno de acuerdo. Esto implica buscar puntos de convergencia, descubrir cuáles son los deseos y necesidades compartidos que puedan servir como base para el compromiso. La asertividad permite expresar de manera clara y específica cuáles son estos intereses comunes, creando una base sólida para la negociación.

Durante la fase de negociación, la asertividad juega un papel clave en la búsqueda de soluciones creativas que tengan en cuenta las necesidades de ambas partes. Es importante evitar pensar en términos de "ganadores" y "perdedores", y en su lugar buscar una solución justa y equilibrada. La asertividad permite proponer opciones alternativas y explorar diversas posibilidades, teniendo en mente el objetivo común de encontrar un acuerdo satisfactorio.

Es esencial mantener una actitud abierta y flexible. Es posible que surjan obstáculos o que sea necesario encontrar un compromiso entre las diferentes perspectivas. La asertividad permite mantener la calma, expresar los propios puntos de vista con respeto y buscar soluciones creativas que respeten las necesidades de todas las partes involucradas.

Por otro lado, es importante subrayar que la creación de un compromiso eficaz requiere tiempo y paciencia. No siempre es posible alcanzar un acuerdo inmediato, pero es fundamental perseverar en la búsqueda de una solución que satisfaga las necesidades de todos. La asertividad permite perseverar en el diálogo, explorar nuevas opciones y mantener el objetivo común de encontrar una solución sabia y equilibrada.

La asertividad desempeña un papel crucial en la creación de compromisos eficaces durante la gestión de conflictos. A través de la escucha activa, la negociación, la apertura al diálogo y la búsqueda de soluciones creativas, la asertividad permite crear un clima de comprensión mutua y encontrar un terreno de acuerdo que respete las necesidades y deseos de todos los sujetos involucrados.

Gestión de las Emociones durante los Conflictos

La gestión de las emociones durante los conflictos es un aspecto crucial para favorecer una comunicación asertiva y una resolución constructiva de los problemas. Los conflictos pueden suscitar una amplia gama de emociones intensas, como ira, frustración, tristeza o miedo. Aprender a gestionar estas emociones de manera eficaz puede contribuir a mantener una perspectiva equilibrada y facilitar la resolución pacífica de los conflictos.

Uno de los primeros pasos en la gestión de las emociones durante los conflictos es la conciencia emocional. Es importante reconocer y aceptar las propias emociones sin juicio. Tomarse el tiempo para identificar y comprender lo que se está sintiendo puede ayudar a evitar reacciones impulsivas o incontroladas. La conciencia emocional permite tomar decisiones más racionales y comunicar de manera asertiva sin dejarse abrumar por las emociones.

La regulación emocional es otra estrategia clave para la gestión de las emociones durante los conflictos. Esto implica la capacidad de modular las propias emociones de manera constructiva y adoptar estrategias que favorezcan el bienestar emocional. Existen diversas técnicas que pueden ser utilizadas para la regulación emocional, como la respiración profunda, la meditación, el ejercicio físico y la escritura reflexiva. Estas prácticas permiten reducir el estrés y restablecer un sentido de calma interior, favoreciendo una comunicación más equilibrada y asertiva durante los conflictos.

La gestión del estrés es un aspecto fundamental en la gestión de las emociones durante los conflictos, ya que pueden ser una fuente significativa de estrés, afectando la capacidad de pensar con claridad y de comunicar eficazmente. Es importante adoptar estrategias de gestión del estrés para reducir la tensión y favorecer una interacción más productiva. Estas estrategias pueden incluir el ejercicio físico regular, la práctica de técnicas de relajación, la organización del tiempo, el apoyo social o el adecuado cuidado personal. Una gestión eficaz del estrés permite mantener una mente clara y afrontar los conflictos con mayor equilibrio emocional.

Otra estrategia importante es la comunicación asertiva de las emociones durante los conflictos. Expresar las propias emociones de manera clara y respetuosa puede facilitar la comprensión mutua y favorecer la búsqueda de soluciones comunes. Es importante utilizar un lenguaje no agresivo, evitando el uso de acusaciones o de palabras que puedan alimentar el conflicto. Comunicar los propios sentimientos de manera asertiva permite a las otras personas comprender el propio punto de vista y responder de manera más constructiva.

Buscar el apoyo de otras personas puede ser una estrategia importante para la gestión de las emociones durante los conflictos. Hablar con amigos de confianza, familiares o profesionales puede ofrecer una oportunidad para compartir las propias emociones, obtener perspectivas diferentes y recibir apoyo durante momentos de estrés emocional. El apoyo social puede ayudar a reducir la tensión emocional y encontrar soluciones más creativas y pacíficas a los conflictos.

La gestión de las emociones durante los conflictos es fundamental para favorecer una comunicación asertiva y una resolución constructiva de los problemas. La conciencia emocional, la regulación emocional, la gestión del estrés y la comunicación asertiva de las emociones son todas estrategias importantes para gestionar las emociones de manera eficaz durante los conflictos. Utilizando estas estrategias, es posible mantener una perspectiva equilibrada, comunicar de manera asertiva y trabajar hacia una solución pacífica y satisfactoria de los conflictos.

Ejercicios Prácticos y Casos de Estudio

En el proceso de aprendizaje y desarrollo de competencias para la gestión de conflictos y la creación de compromisos efectivos mediante el uso de la asertividad, es fundamental integrar el aprendizaje teórico con la aplicación práctica. Los ejercicios prácticos y los estudios de caso pueden ser herramientas poderosas para permitir a los lectores poner en práctica las habilidades aprendidas y adquirir una comprensión más profunda de las situaciones reales.

Los ejercicios prácticos ofrecen una forma de explorar, experimentar y fortalecer las competencias en la gestión de conflictos. Por ejemplo, un ejercicio podría involucrar a los lectores en la identificación de un conflicto personal o profesional que estén enfrentando actualmente. Posteriormente, se les guía para reflexionar sobre sus necesidades, intereses y objetivos en relación con el conflicto y expresar de manera asertiva sus posiciones y deseos. También se les puede animar a practicar la escucha activa y a buscar soluciones creativas que tengan en cuenta las necesidades de todas las partes involucradas. Los ejercicios prácticos permiten a los lectores aplicar las competencias de gestión de conflictos en un contexto seguro y recibir retroalimentación sobre su capacidad para utilizar la asertividad y alcanzar un resultado satisfactorio.

Los estudios de caso ofrecen una oportunidad para explorar situaciones reales o simuladas en las que se producen conflictos y se requiere un compromiso. Se pueden presentar casos que involucren situaciones de trabajo, familia o relaciones personales, ofreciendo una variedad de escenarios que los lectores pueden analizar y reflexionar. Por ejemplo, un estudio de caso podría involucrar a un equipo de trabajo que enfrenta una divergencia de opiniones sobre la estrategia a adoptar. Los lectores son desafiados a explorar las diferentes perspectivas, identificar los intereses comunes y desarrollar un plan de acción que respete las necesidades de todos los miembros del equipo. Todos estos casos ofrecen la oportunidad de aplicar las competencias de gestión de conflictos y de creación de compromisos en contextos complejos y realistas.

A través de los ejercicios prácticos y los estudios de caso, los lectores tienen la oportunidad de poner en práctica las competencias aprendidas en el libro y desarrollar una mayor conciencia de sus habilidades en la gestión de conflictos. Estas herramientas permiten experimentar diversas estrategias, enfrentar situaciones complejas y mejorar sus capacidades de comunicación asertiva y negociación.

Es importante subrayar que la práctica y la aplicación de las competencias requieren tiempo y esfuerzo. Los ejercicios prácticos y los estudios de caso deben verse como una oportunidad para poner a prueba las habilidades de gestión de conflictos y de creación de compromisos en un entorno controlado. Los lectores pueden beneficiarse al compartir sus experiencias con un compañero de práctica o mediante una discusión grupal, con el fin de obtener perspectivas adicionales y retroalimentación constructiva.

Todos estos estudios ofrecen una dimensión práctica y aplicada a la gestión de conflictos y la creación de compromisos efectivos mediante el uso de la asertividad. Permiten a los lectores experimentar las competencias aprendidas en el contexto de situaciones reales, mejorar su capacidad para gestionar los conflictos de manera constructiva y desarrollar relaciones más saludables y satisfactorias.

CAPÍTULO VIII

ASERTIVIDAD Y AUTOESTIMA: LA INFLUENCIA RECÍPROCA ENTRE COMUNICACIÓN Y AUTO-PERCEPCIÓN

Definición de Autoestima

La autoestima es un concepto fundamental en el ámbito del crecimiento personal y la comunicación asertiva. Puede definirse como la evaluación general y subjetiva que una persona tiene de sí misma, ya que se relaciona con la forma en que nos percibimos, nos valoramos y nos tratamos, así como con la confianza y el amor que sentimos por nosotros mismos.

La autoestima desempeña un papel crucial en la comunicación asertiva, ya que influye profundamente en nuestra capacidad para expresar nuestros pensamientos, sentimientos y opiniones de manera clara y respetuosa. Cuando tenemos una alta autoestima, confiamos en nuestras capacidades y nos sentimos dignos de ser escuchados y respetados. Nos sentimos cómodos comunicando nuestras necesidades y deseos, sin miedo a ser juzgados o rechazados.

Por otro lado, una baja autoestima puede obstaculizar la comunicación asertiva. Cuando nos sentimos inseguros o inadecuados, podemos tener dificultades para expresar nuestras opiniones o defender nuestros derechos. Podemos ser más propensos a evitar el enfrentamiento o a tratar de complacer a los demás, dejando de lado nuestras propias necesidades. Esto puede llevar a una comunicación pasiva o agresiva, que no favorece una relación equilibrada y auténtica.

La autoestima está estrechamente relacionada con la confianza en uno mismo. Cuando confiamos en nuestras capacidades y en nuestra autenticidad, somos más capaces de comunicar de manera asertiva. Nos sentimos seguros al defender nuestras opiniones y nuestros límites, sin miedo a las reacciones negativas o a los juicios de los demás. La autoestima nos permite creer en nuestro valor y en nuestra dignidad como individuos, lo cual constituye la base para una comunicación asertiva y respetuosa.

Además, la autoestima influye también en nuestra percepción de los demás y en nuestra capacidad para escuchar y responder de manera empática. Cuando tenemos una alta autoestima, estamos más abiertos a las opiniones de los demás y somos capaces de escuchar de manera genuina, sin sentirnos amenazados o inferiores. Podemos reconocer las emociones y necesidades de los demás y responder de manera empática, sin descuidar nuestros propios límites y deseos. Esto nos permite establecer relaciones más genuinas y significativas, basadas en la reciprocidad y el respeto mutuo.

Es importante subrayar que la autoestima es un proceso dinámico influenciado por múltiples factores, como la educación, las experiencias de vida y el entorno social. Sin embargo, es posible desarrollar y potenciar la autoestima a través del trabajo personal, la autoconciencia y la práctica de la comunicación asertiva. La autoestima es un elemento crucial para una comunicación sana y efectiva, ya que nos permite ser auténticos, establecer límites claros e interactuar con los demás de manera respetuosa y consciente.

Tener una autoestima positiva nos permite comunicar de manera auténtica, expresar nuestras necesidades y deseos de manera respetuosa y establecer relaciones más satisfactorias. Trabajar en la autoestima es un camino de crecimiento personal que puede contribuir significativamente a nuestro bienestar emocional y a la calidad de nuestras interacciones con los demás.

El Vínculo entre Autoestima y Asertividad

El vínculo entre autoestima y asertividad está estrechamente interconectado, ya que ambos se influyen mutuamente y juegan un papel fundamental en nuestra vida y en nuestras relaciones.

La autoestima, como se definió anteriormente, se refiere a nuestra evaluación subjetiva de nosotros mismos y a la confianza que tenemos en nuestras capacidades y en nuestro valor como individuos. Una autoestima sana nos permite reconocer y apreciar nuestras cualidades, ser conscientes de nuestros puntos fuertes y tener una visión realista de nosotros mismos. Cuando tenemos una autoestima alta, nos sentimos más seguros al comunicar nuestros pensamientos, sentimientos y necesidades a los demás.

La asertividad, por otro lado, se refiere a nuestra capacidad para expresar de manera clara, directa y respetuosa nuestras opiniones, deseos y límites, asumiendo la responsabilidad de nuestras elecciones y acciones. Ser asertivo significa comunicar de manera eficaz y honesta, sin agredir ni someternos a los demás. La asertividad nos permite establecer límites personales saludables y perseguir lo que es importante para nosotros, preservando al mismo tiempo las relaciones y el respeto mutuo.

La conexión entre autoestima y asertividad es bidireccional. Por un lado, una autoestima sana favorece la asertividad. Cuando tenemos una autoestima alta, nos sentimos más seguros de nuestras capacidades y de nuestro valor, lo que nos permite comunicar de manera asertiva. Nos sentimos dignos de ser escuchados y respetados, y confiamos en nuestro derecho a expresar nuestras opiniones y a perseguir nuestros objetivos. La autoestima positiva nos proporciona una base sólida para una comunicación asertiva, permitiéndonos mantener límites personales saludables y promover relaciones más auténticas y satisfactorias.

Por otro lado, la asertividad contribuye a desarrollar una autoestima positiva. Cuando somos capaces de expresar de manera eficaz lo que pensamos y sentimos, obteniendo respuestas positivas de los demás, nos sentimos valorados y reconocidos. La asertividad nos permite defender nuestros límites, hacer respetar nuestros derechos y considerar nuestras necesidades, lo que influye positivamente en la autoestima. La práctica constante de la asertividad nos lleva a desarrollar una visión más positiva de nosotros mismos, fortaleciendo nuestra autoestima con el tiempo.

Es importante notar que tanto la autoestima como la asertividad requieren un trabajo continuo y un compromiso personal. Para desarrollar una autoestima sana, puede ser útil trabajar en la autoconciencia, explorar nuestras creencias y valores, y adoptar actitudes de autoaceptación y de amabilidad hacia nosotros mismos. Por otro lado, para mejorar la asertividad, puede ser necesario adquirir nuevas habilidades de comunicación, practicar la escucha activa y la empatía, y enfrentar los miedos e inseguridades que pueden obstaculizar nuestra capacidad de expresarnos de manera asertiva.

La autoestima y la asertividad están fuertemente entrelazadas y se influyen mutuamente. Una autoestima sana favorece la asertividad, mientras que esta última promueve una autoestima positiva. Desarrollar ambas cualidades es un proceso de crecimiento personal que nos permite comunicar de manera auténtica, establecer límites saludables y construir relaciones más satisfactorias con los demás.

Asertividad como Herramienta de Empoderamiento

L'assertività svolge un ruolo significativo nel potenziamento dell'autostima, poiché l'utilizzo di tecniche assertive consente di esprimere i propri pensieri, sentimenti e bisogni in modo rispettoso e sicuro. Questo contribuisce a costruire una sana autostima e a rafforzarla nel tempo.

Quando utilizziamo tecniche assertive, siamo in grado di comunicare in modo chiaro e diretto, senza paura di essere giudicati o respinti. Questo ci permette di affermare i nostri confini personali, esprimere le nostre opinioni e difendere i nostri diritti in modo assertivo. L'assertività ci dà il potere di prendere il controllo delle nostre vite e di esprimere la nostra autenticità senza timore.

L'utilizzo di tecniche assertive può avere numerosi benefici per l'autostima. Innanzitutto, ci consente di affermare il nostro valore come individui. Quando ci esprimiamo in modo assertivo, dimostriamo a noi stessi e agli altri che ci riconosciamo come persone importanti, con idee e bisogni validi. Questa consapevolezza e affermazione di sé contribuisce a costruire una visione positiva di noi stessi e a rafforzare l'autostima.

Inoltre, l'assertività promuove la fiducia in se stessi. Quando siamo in grado di comunicare in modo assertivo, sviluppiamo una maggiore fiducia nelle nostre capacità di far fronte alle situazioni, di affrontare i conflitti e di perseguire i nostri obiettivi. L'esperienza di successo nella comunicazione assertiva ci incoraggia e ci dà fiducia nelle nostre abilità di gestione delle relazioni.

L'uso delle tecniche assertive favorisce anche il rispetto di sé. Quando ci esprimiamo in modo assertivo, ci rispettiamo e ci trattiamo con dignità. Questo invia un messaggio positivo al nostro subconscio, rafforzando l'idea che meritiamo rispetto dagli altri e da noi stessi. A sua volta, questo nutre l'autostima e ci spinge a mantenere confini sani e a stabilire relazioni più equilibrate.

Inoltre, la determinatezza ci aiuta a evitare l'accumulo di rancori e risentimenti. Quando esprimiamo in modo deciso i nostri sentimenti e bisogni, evitiamo di reprimere le emozioni negative che possono erodere l'autostima. L'assertività ci consente di affrontare i conflitti e risolverli in modo costruttivo, preservando il nostro benessere emotivo e rafforzando la nostra autostima.

L'uso delle tecniche assertive ci permette di costruire relazioni più genuine e naturali. Quando comunichiamo in modo assertivo, invitiamo gli altri a fare altrettanto. Questo favorisce una comunicazione aperta, sincera e rispettosa, creando un ambiente in cui le relazioni possono crescere e svilupparsi in modo sano. Avere relazioni significative e soddisfacenti a sua volta contribuisce all'aumento dell'autostima.

L'assertività è uno strumento potente per il potenziamento dell'autostima. Utilizzare tecniche assertive ci permette di esprimere chi siamo veramente, di difendere i nostri diritti e di stabilire confini sani. L'esperienza di essere ascoltati e rispettati ci rafforza e ci dà fiducia nelle nostre capacità. A poco a poco, l'utilizzo di tecniche assertive diventa un abito naturale che sostiene e rafforza l'autostima nel lungo periodo.

Autoestima y el Miedo a Decir 'No'

Un bajo nivel de autoestima puede influir notablemente en nuestra capacidad para decir "no". Cuando padecemos una autoestima reducida, podemos temer el rechazo o la desaprobación de los demás. Nos preocupamos por decepcionar las expectativas ajenas y tememos ser juzgados como egoístas o poco dispuestos a ayudar.

El miedo a decir "no" puede estar arraigado en una serie de creencias negativas sobre nosotros mismos. Podemos sentirnos indignos o no merecedores de considerar nuestras propias necesidades y deseos. Esta falta de confianza en nosotros mismos nos lleva a buscar la aprobación de los demás y a evitar conflictos o situaciones incómodas.

Sin embargo, mejorar la autoestima puede ser un paso significativo para superar este desafío. Trabajar en nuestra autoestima nos permite desarrollar una visión más positiva de nosotros mismos y reconocer nuestro valor intrínseco. Nos ayuda a comprender que tenemos el derecho de anteponer nuestras necesidades y de tomar decisiones que estén en línea con nuestros valores.

Una mayor autoestima nos ofrece el valor para establecer límites saludables y afirmar nuestros derechos. Nos damos cuenta de que decir "no" no es un acto de egoísmo, sino más bien una demostración de autenticidad y respeto por nosotros mismos. Mejorar la autoestima nos permite aceptar que no podemos agradar a todos y que es fundamental cuidarnos para poder estar presentes y disponibles cuando realmente lo deseamos.

Otra componente clave para superar el miedo a decir "no" es la conciencia de nuestras capacidades y límites. Mejorar la autoestima nos ayuda a reconocer nuestros puntos fuertes y a honrar nuestras necesidades y deseos legítimos. Esta conciencia nos da confianza en nuestra capacidad para tomar decisiones que estén en línea con nuestro bienestar y comunicarlas de manera asertiva a los demás.

Un paso importante para mejorar la autoestima y superar el miedo a decir "no" es la práctica de la autocompasión. La autocompasión nos permite tratarnos con amabilidad y comprensión, aceptando nuestros límites y aprendiendo de nuestros errores. Cuando somos capaces de perdonarnos y de acogernos con amor y cuidado, nos sentimos más libres para expresarnos de manera auténtica y para decir "no" cuando es necesario.

La terapia puede ser una herramienta valiosa para abordar las raíces profundas de la baja autoestima y del miedo a decir "no". Un terapeuta experto puede ayudar a explorar las creencias negativas sobre uno mismo, a identificar los patrones de pensamiento dañinos y a desarrollar nuevas perspectivas más positivas. A través de la terapia, es posible aprender técnicas específicas para mejorar la autoestima y adquirir herramientas prácticas para comunicar de manera asertiva y gestionar el miedo a decir "no".

Un bajo nivel de autoestima puede contribuir a la dificultad de decir "no". Sin embargo, mejorar la autoestima puede ayudar a superar este desafío. Trabajando en nuestra autoestima, desarrollamos confianza en nosotros mismos, conciencia de nuestras necesidades y límites, y habilidades para comunicar de manera asertiva. Esto nos permite afirmar nuestro valor y tomar decisiones que reflejen nuestro bienestar y autenticidad. A través de la práctica de la autocompasión y el apoyo terapéutico, es posible construir una autoestima sana y superar el miedo a decir "no" con confianza y respeto por uno mismo.

Ejercicios para Construir la Autoestima

Construir la autoestima es un proceso continuo que requiere compromiso y conciencia. Hay diversas actividades que puedes realizar para desarrollar y fortalecer tu autoestima y construir una visión positiva de ti mismo.

Comienza con un momento de autorreflexión profunda. Tómate el tiempo para explorar tus cualidades, habilidades y logros. Haz una lista de tus experiencias positivas, grandes y pequeñas, y de los rasgos positivos que aprecias en ti mismo. Este ejercicio te permitirá enfocarte en tus cualidades únicas y reconocer tu valor intrínseco.

Otra estrategia efectiva es el uso de afirmaciones positivas. Escribe frases que describan tus características, objetivos y aspiraciones de manera positiva y poderosa. Repite estas afirmaciones en voz alta cada día, permitiendo que su energía positiva impregne tu mente y tu espíritu. Esto te ayudará a construir una visión positiva de ti mismo y a reforzar la autoestima.

Establecer objetivos personales es fundamental para alimentar la autoestima. Elige objetivos realistas y significativos que te permitan crecer y desarrollarte como persona. Asegúrate de que los objetivos sean específicos, medibles, alcanzables, relevantes y limitados en el tiempo. Esto te permitirá monitorear tu progreso y obtener una sensación de realización personal, aumentando tu confianza y tu autoestima.

La práctica de la autocompasión es un componente esencial para construir la autoestima. Trátate con amabilidad, respeto y comprensión, como lo harías con un buen amigo. Acepta tus imperfecciones y errores como parte del proceso de crecimiento y aprende de ellos. Recuerda que nadie es perfecto y que los errores son oportunidades de aprendizaje. Cultiva una actitud amorosa hacia ti mismo, que te permita abrazar tu esencia completa y construir una autoestima saludable.

Enfrenta los desafíos con coraje y determinación. Rétate a salir de tu zona de confort y a enfrentar situaciones nuevas y estimulantes. Experimenta nuevas actividades, adquiere nuevas habilidades y enfrenta tus miedos. Afrontar los desafíos te permitirá descubrir tu potencial y desarrollar una mayor confianza en tus capacidades, contribuyendo así a fortalecer tu autoestima.

Busca el apoyo de personas positivas y de confianza en tu camino hacia la construcción de la autoestima. Rodéate de individuos que te animen, te inspiren y te apoyen. Comparte tus objetivos y aspiraciones con ellos, y recibe su apoyo y aliento. Las relaciones positivas pueden influir positivamente en tu autoestima y ayudarte a crecer como individuo.

Recuerda que la construcción de la autoestima requiere tiempo y dedicación. Sé paciente contigo mismo y celebra cada pequeño avance que logres en tu camino. Mantén una mentalidad positiva y una actitud de gratitud hacia ti mismo y hacia los demás. Con el tiempo, verás un crecimiento significativo en tu autoestima y una mayor confianza en tus capacidades.

Estudios de Caso

Para comprender plenamente el vínculo entre autoestima y asertividad, es útil analizar estudios de caso que resalten la interacción entre estos dos conceptos en la vida real. A través de ejemplos concretos, podemos observar cómo la autoestima positiva es fundamental para desarrollar un comportamiento asertivo y cómo la asertividad, a su vez, puede alimentar y fortalecer la autoestima de las personas involucradas.

Un estudio de caso puede referirse a una persona que ha luchado durante mucho tiempo con una baja autoestima y ha tenido dificultades para afirmarse en sus relaciones personales y profesionales. Esta persona podría haber experimentado una falta de confianza en sí misma y un miedo constante a ser juzgada o rechazada por los demás. Como resultado, a menudo se ha encontrado en situaciones en las que renunció a sus propias necesidades y deseos con tal de evitar el conflicto o el rechazo.

Sin embargo, a través de un proceso de crecimiento personal y autoconciencia, esta persona emprendió un camino para construir su autoestima. Comenzó a reflexionar sobre sus valores, talentos y éxitos pasados, reconociendo su valor intrínseco. Aprendió a tratarse con amabilidad y compasión, aceptando sus defectos y aprendiendo de los errores sin dejarse abatir. Este proceso contribuyó a mejorar su autoestima general.

Paralelamente, esta persona comenzó a desarrollar una actitud asertiva en sus interacciones con los demás. Aprendió a comunicar de manera clara y directa sus necesidades, opiniones y límites, sin temor a expresarse. Adquirió la confianza necesaria para afirmarse y defender sus derechos de manera respetuosa. Como resultado, notó una mejora significativa en sus relaciones, tanto personales como profesionales.

Otro estudio de caso podría referirse a un individuo que experimentó un cambio significativo en su autoestima gracias a la experiencia de situaciones en las que se mostró asertivo. Por ejemplo, esta persona podría haber enfrentado una situación de conflicto en la que se defendió con resolución y respeto por sí misma. El éxito de esta experiencia contribuyó a fortalecer su autoestima, haciéndole comprender que es capaz de enfrentar situaciones difíciles y de afirmar sus derechos.

En ambos casos, la autoestima y la asertividad se interconectaron y se influenciaron mutuamente. La autoestima positiva proporcionó las bases para desarrollar un comportamiento asertivo, mientras que la asertividad alimentó aún más la autoestima, creando un círculo virtuoso.

Estos estudios de caso demuestran cómo una sólida autoestima es un factor crucial para la asertividad y cómo la asertividad, a su vez, puede contribuir a construir y fortalecer la autoestima. Ambos son elementos esenciales para una comunicación saludable y relaciones interpersonales positivas.

Al leer estas historias de crecimiento personal, uno podría encontrar inspiración y aliento para perseguir su propia autoestima y practicar la asertividad en su propia vida. Estos ejemplos concretos demuestran que es posible superar los desafíos relacionados con la autoestima y desarrollar un comportamiento asertivo que permita afirmarse, expresar las propias necesidades y construir relaciones más saludables y satisfactorias.

CAPÍTULO IX

HERRAMIENTAS PRÁCTICAS: TÉCNICAS Y ESTRATEGIAS PARA POTENCIAR LAS HABILIDADES DE COMUNICACIÓN ASERTIVA

Resumen de las Técnicas de Asertividad

Durante los capítulos anteriores, hemos explorado una amplia gama de técnicas de asertividad que pueden aplicarse para mejorar la comunicación y desarrollar relaciones más positivas. Este resumen detallado de las técnicas asertivas te proporcionará una referencia rápida para implementarlas en tu vida cotidiana, permitiéndote expresarte de manera más segura, decidida y constructiva.

La asertividad implica la capacidad de expresar tus necesidades y deseos de manera clara, directa y respetuosa. Una forma efectiva de hacerlo es utilizando el lenguaje en primera persona, que se centra en tus emociones, pensamientos y experiencias personales. Este enfoque te permite comunicarte de manera asertiva sin acusar ni juzgar a los demás, promoviendo una mejor comprensión mutua.

Otro elemento fundamental en el campo de la asertividad es la escucha activa. No se trata solo de escuchar las palabras del otro, sino de mostrar un interés genuino por su perspectiva y de responder de manera apropiada. La escucha empática requiere prestar atención no solo a lo que se dice, sino también al lenguaje corporal y a las expresiones emocionales, demostrando respeto y consideración por las opiniones ajenas.

Enfrentar las críticas de manera asertiva requiere apertura y madurez emocional. En lugar de defenderte o reaccionar impulsivamente, es útil tomarte un momento para reflexionar sobre la crítica y evaluar su validez. Haz preguntas para obtener una comprensión más profunda de las preocupaciones de los demás y responde de manera asertiva, expresando tu punto de vista de manera respetuosa pero firme.

La negociación y la búsqueda de compromisos son habilidades fundamentales para gestionar los conflictos de manera asertiva. Esto implica la capacidad de identificar tus objetivos y prioridades, mientras te esfuerzas por comprender las necesidades y perspectivas de los demás. A través de una comunicación clara y abierta, busca soluciones que puedan satisfacer a ambas partes involucradas, fomentando la colaboración y la comprensión mutua.

La ansiedad social puede representar un desafío para la asertividad, pero existen estrategias para abordarla de manera efectiva. Puedes trabajar en la gestión del estrés y la ansiedad mediante técnicas de relajación, respiración consciente y la práctica de actitudes positivas. Enfrenta gradualmente las situaciones que te generan ansiedad, impulsándote a expresarte de manera asertiva incluso en contextos sociales, lo que te permitirá desarrollar una mayor confianza en ti mismo.

Finalmente, recuerda que la asertividad requiere una sólida autoestima. Tómate el tiempo para reflexionar sobre ti mismo, reconocer tus fortalezas y celebrar tus logros. Cultiva una mentalidad positiva, nutriendo la confianza en ti mismo y aprendiendo a creer en tus capacidades. La autoestima saludable es un elemento fundamental para la asertividad y contribuye a tu capacidad para expresarte de manera decidida y resuelta en las relaciones y en la vida cotidiana.

Te animamos a poner en práctica estas técnicas de asertividad, adaptándolas a tus necesidades personales y a las situaciones específicas que enfrentas. Con el compromiso constante y la práctica, podrás desarrollar un comportamiento asertivo más consistente, mejorando tu comunicación, tu autoestima y tus relaciones.

Técnicas de Respiración y Centramiento

En el contexto de la comunicación asertiva, es importante ser consciente de nuestro estado emocional y saber gestionar la ansiedad y el estrés que pueden surgir durante conversaciones y conflictos. Las técnicas de respiración y centramiento son herramientas valiosas para alcanzar una calma interior y mantener un equilibrio emocional durante tales situaciones.

La respiración consciente es una técnica simple pero poderosa que puede ayudar a reducir la ansiedad y promover la relajación. Puedes practicar esta técnica concentrándote en tu respiración y llevando conscientemente la atención al flujo del aire que entra y sale de tu cuerpo. Al inspirar profundamente por la nariz y exhalar lentamente por la boca, puedes relajar los músculos y fomentar un sentido de calma interior.

El centramiento, o "grounding", es otra técnica que puede ayudarte a mantenerte enfocado y concentrado en el momento presente. Puedes practicar el centramiento concentrándote en las sensaciones físicas de tu cuerpo, como el contacto de tus pies con el suelo o las sensaciones táctiles de tus manos. Esto te ayuda a desconectarte de las preocupaciones o de la ansiedad y a centrarte en el "aquí" y el "ahora", manteniendo una presencia mental durante los diálogos o conflictos.

Además, el uso consciente de la respiración y el centramiento puede ayudarte a tomar el control de tus reacciones emocionales durante momentos de tensión. Cuando te encuentres en una situación que pueda desencadenar ansiedad o estrés, puedes hacer una pausa, concentrarte en tu respiración y recordarte a ti mismo volver a tu centro emocional. Esto te permite responder de manera más equilibrada y asertiva en lugar de reaccionar impulsivamente o de manera excesivamente emocional.

Puedes integrar estas técnicas de respiración y centramiento en tu rutina diaria como herramientas preventivas para gestionar el estrés y la ansiedad en general. Puedes practicar la respiración consciente y el centramiento en momentos de tranquilidad, como por la mañana o antes de acostarte, o incluso durante una breve pausa durante el día. Lo importante es crear espacios para ti mismo en los que puedas reconectarte con tu respiración y tu presencia en el cuerpo.

El uso regular de estas técnicas puede fomentar un mayor equilibrio emocional, mejorar tu capacidad para gestionar situaciones estresantes y aumentar tu confianza en manejar conversaciones difíciles de manera asertiva. Recuerda que estas técnicas requieren práctica y constancia para obtener resultados duraderos, así que sé paciente contigo mismo mientras desarrollas esta habilidad.

Dicho esto, las técnicas de respiración y centramiento son herramientas poderosas para gestionar la ansiedad y mantener la calma durante las conversaciones y en momentos de conflicto con los demás. La conciencia de tu respiración y la práctica del centramiento te permiten mantener un equilibrio emocional, favoreciendo una comunicación asertiva y constructiva. Experimenta con estas técnicas en tu vida diaria y observa cómo pueden contribuir a una mayor serenidad y confianza en tus interacciones con los demás.

La Práctica del Mindfulness en la Comunicación

La práctica del mindfulness puede desempeñar un papel significativo en el desarrollo de habilidades de comunicación asertiva. El mindfulness es la conciencia "momento a momento" de nuestros pensamientos, sentimientos, sensaciones físicas y del entorno, sin juzgar. Cuando aplicamos el mindfulness a la comunicación, nos volvemos más conscientes de nuestras emociones, de nuestros patrones de pensamiento y de nuestras reacciones automáticas, permitiéndonos responder de manera más consciente y decidida.

La conciencia de uno mismo es fundamental para la comunicación asertiva. Cuando somos conscientes de nuestras emociones, podemos reconocerlas y comprenderlas mejor, sin ser abrumados por ellas. El mindfulness nos ayuda a distanciarnos de nuestros pensamientos y sentimientos, permitiéndonos responder de manera más equilibrada y reflexiva ante las situaciones. Podemos aprender a observar nuestras reacciones automáticas y a elegir conscientemente cómo responder, en lugar de reaccionar impulsivamente.

La práctica del mindfulness también nos ayuda a estar presentes en el momento durante las conversaciones. A menudo, durante una conversación, estamos distraídos por nuestros pensamientos o preocupaciones, lo que dificulta escuchar realmente a la otra persona. El mindfulness nos enseña a estar presentes y completamente comprometidos en el momento, dejando de lado las distracciones mentales y ofreciendo a la otra persona nuestra plena atención. Esto favorece una comunicación más auténtica y considerada, en la que nos sentimos verdaderamente escuchados y comprendidos.

Además, el mindfulness nos ayuda a desarrollar la conciencia del otro. Cuando estamos plenamente presentes durante una conversación, somos más capaces de captar las sutilezas de las palabras, los gestos y las expresiones del otro. Podemos notar las señales no verbales, como el lenguaje corporal y el tono de voz, que nos ofrecen información adicional sobre el estado emocional de la otra persona. Esta conciencia nos permite responder de manera más empática y comprensiva, fortaleciendo la calidad de nuestras relaciones.

La práctica del mindfulness también puede ayudarnos a desarrollar una mayor paciencia y tolerancia durante las conversaciones difíciles. A menudo, en situaciones conflictivas, estamos listos para defendernos o responder de manera impulsiva. El mindfulness nos enseña a observar nuestras reacciones y a tomarnos un momento para respirar y reflexionar antes de responder. Este espacio de conciencia nos permite elegir la mejor respuesta, basada en la asertividad y la comprensión, en lugar de dejarnos llevar por las emociones negativas.

La práctica del mindfulness puede integrarse en nuestra vida diaria a través de ejercicios de meditación formal e informal. La meditación formal implica sentarse de manera cómoda y concentrarse en la respiración o en un objeto de atención. La meditación informal puede practicarse en cualquier momento del día, llevando la conciencia a la experiencia presente, como cuando se camina o se come.

La práctica del mindfulness puede ser una herramienta valiosa para mejorar las habilidades de comunicación asertiva. La conciencia de uno mismo y de los demás, unida a la capacidad de estar presentes y de responder conscientemente a las situaciones, puede fomentar una comunicación más auténtica, empática y constructiva. Experimenta la integración del mindfulness en tu vida diaria y observa cómo esta práctica puede enriquecer tus relaciones y tu capacidad de comunicarte asertivamente.

Técnicas de Programación Neuro-Lingüística (PNL)

La Programación Neuro-Lingüística (PNL) ofrece un conjunto de técnicas que pueden ser utilizadas para mejorar la comunicación asertiva. Estas técnicas se centran en la interacción entre los procesos neurológicos, el lenguaje y los patrones de comportamiento aprendidos, proporcionando herramientas prácticas para desarrollar una comunicación más efectiva y satisfactoria.

Una de las técnicas clave de la PNL es el anclaje. El anclaje consiste en asociar un estado emocional deseado a una señal física o verbal específica. Por ejemplo, puedes crear un anclaje vinculando un gesto o una palabra de poder con sentirte seguro y asertivo. Cuando te encuentres en situaciones donde desees comunicarte de manera asertiva, puedes utilizar el anclaje para evocar ese sentido de seguridad y asertividad, ayudándote a mantener el control de tus emociones y a comunicarte eficazmente.

Otra técnica importante es la calibración. La calibración implica la observación e interpretación de las señales no verbales de las personas, como el lenguaje corporal, las expresiones faciales y el tono de voz. A través de la calibración, puedes desarrollar una mayor conciencia de las reacciones de los demás durante una conversación, permitiéndote adaptar tu tono y comportamiento para satisfacer sus necesidades y comunicarte de manera más asertiva y empática.

El "reencuadre" es otra técnica útil de la PNL. Consiste en reinterpretar una situación de manera diferente, cambiando la perspectiva o el significado atribuido a ella. Puedes utilizar el reencuadre para ver los conflictos o desafíos como oportunidades de crecimiento y aprendizaje, en lugar de como obstáculos. Esto te permite enfrentar las situaciones con una mentalidad abierta y asertiva, buscando soluciones constructivas y promoviendo una comunicación positiva.

El "Modelo Milton", nombrado así en honor al hipnoterapeuta Milton Erickson, es otra técnica de la PNL que puede aplicarse para mejorar la comunicación asertiva. Este modelo se basa en el uso del lenguaje para influir positivamente en los demás. Puedes utilizar historias, metáforas o lenguaje hipnótico para crear una atmósfera de apertura y comprensión durante una conversación, facilitando la comunicación asertiva y alcanzando un acuerdo de manera más armoniosa.

Por último, los meta-programas son patrones de pensamiento y percepción que influyen en la forma en que interpretamos el mundo y nos relacionamos con los demás. Identificar los meta-programas de las personas con las que interactuamos puede ser útil para adaptar nuestra comunicación de manera asertiva. Por ejemplo, algunas personas están más orientadas a los detalles y requieren información específica, mientras que otras prefieren una visión general. Comprender estas preferencias nos permite adaptar nuestro lenguaje y estilo comunicativo para ser más efectivos en nuestra asertividad.

Es importante destacar que la aplicación de estas técnicas requiere práctica y conciencia. La PNL es una herramienta y un recurso que puede ser utilizado de manera ética y responsable. Practicar la comunicación asertiva requiere un compromiso constante y una voluntad de aprendizaje y crecimiento.

Las técnicas de PNL ofrecen herramientas prácticas para mejorar la comunicación asertiva. El anclaje, la calibración, el reencuadre, el Modelo Milton y los meta-programas son solo algunas de las técnicas que pueden utilizarse para desarrollar una comunicación más efectiva, promoviendo una mayor comprensión mutua y la construcción de relaciones más positivas. Experimenta con estas técnicas en tu vida cotidiana y observa cómo pueden enriquecer tus habilidades de comunicación asertiva.

Construir un Plan de Acción Personal

Construir un plan de acción personal es un paso esencial para mejorar tus habilidades de comunicación asertiva. Este plan te proporcionará una guía estructurada y te ayudará a alcanzar tus objetivos de manera efectiva. Para comenzar, define los objetivos que deseas lograr con tu comunicación asertiva. Identifica las áreas específicas de tu vida en las que deseas mejorar, como el trabajo, las relaciones personales o tu autoestima, y asegúrate de que los objetivos sean claros, realistas y medibles.

Una vez que hayas establecido los objetivos, identifica las estrategias que puedes adoptar para alcanzarlos. Considera qué comportamientos y enfoques te ayudarán a comunicarte de manera más asertiva. Por ejemplo, podrías decidir practicar expresar tus necesidades de manera clara y respetuosa o trabajar en la gestión de las emociones durante los conflictos.

Además de las estrategias, piensa en cómo puedes monitorear tu progreso. Llevar un registro de tus experiencias y resultados puede brindarte una retroalimentación valiosa y ayudarte a comprender si tus acciones están logrando los resultados deseados. Puedes llevar un diario donde anotes tus experiencias de comunicación asertiva, los éxitos que has obtenido y los desafíos que has enfrentado. También podrías pedir retroalimentación a personas de confianza o utilizar herramientas de evaluación específicas.

Planifica las acciones concretas que debes emprender para alcanzar tus objetivos. Identifica qué situaciones o contextos requieren una atención particular y planifica cómo puedes aplicar tus nuevas habilidades en esos contextos. Por ejemplo, podrías decidir practicar afirmando tus límites o manejando las críticas de manera asertiva.

Crear un entorno de apoyo es fundamental para el éxito de tu plan. Involucra a personas de confianza en tu proceso de mejora, compartiendo tus objetivos con ellas y solicitando su apoyo. Las personas cercanas pueden ofrecerte retroalimentación constructiva, aliento y apoyo emocional cuando lo necesites. Además, busca oportunidades para participar en grupos de apoyo o cursos de formación en comunicación asertiva, donde puedas aprender de expertos y compartir experiencias con otras personas que están trabajando en los mismos objetivos.

Periódicamente, evalúa tu plan de acción personal para ver si está funcionando para ti. Realiza una revisión honesta de tus progresos y evalúa si tus acciones están logrando los resultados deseados. Si encuentras dificultades o si tus acciones no parecen efectivas, mantente abierto a realizar cambios y a adaptar el plan según sea necesario. Es importante ser flexible y estar dispuesto a explorar nuevas estrategias o enfoques que puedan funcionar mejor para ti.

Construir un plan de acción personal para mejorar tus habilidades de comunicación asertiva requiere compromiso, conciencia y práctica constante. Mantén la motivación, recuerda tus objetivos y celebra tus éxitos a lo largo del camino. Con el tiempo y la dedicación, verás mejoras significativas en tu comunicación asertiva y en tu interacción con los demás.

Ejercicios y Actividades

Para mejorar tus habilidades de comunicación asertiva, es esencial poner en práctica lo que has aprendido. Los ejercicios y actividades prácticas pueden ser herramientas poderosas para desarrollar y consolidar estas habilidades. Una opción es realizar ejercicios de rol con un compañero, simulando diversas situaciones de conversación y practicando el uso de expresiones asertivas. Puedes asumir el rol de una persona asertiva, mientras tu compañero representa a un interlocutor pasivo o agresivo. A través de estos ejercicios, puedes mejorar tu capacidad de responder de manera asertiva incluso en situaciones complejas.

La escritura reflexiva puede ser otra herramienta efectiva. Dedica tiempo a reflexionar sobre tus experiencias de comunicación asertiva, escribiendo sobre situaciones en las que te has sentido asertivo y sobre aquellas en las que has tenido dificultades. Analiza tus pensamientos, emociones y comportamientos en estas situaciones, identificando patrones recurrentes y pensando en estrategias para abordarlos de manera más asertiva en el futuro.

Otra actividad útil es la práctica del escucha activa con un amigo o familiar. Escoge un tema de conversación y practica el escuchar activamente, haciendo preguntas abiertas, expresando interés y reflejando lo que la otra persona dice. Concéntrate en la comprensión y la conexión emocional durante la conversación. Esta práctica te ayudará a desarrollar tu capacidad para escuchar atentamente y mostrar empatía hacia los demás.

Las autoafirmaciones positivas también pueden jugar un papel importante en la construcción de la confianza en ti mismo y en el fortalecimiento de la autoestima. Repite frases positivas y potenciadoras, como "Soy digno de ser escuchado" o "Mis opiniones tienen valor". Practica estas afirmaciones todos los días, especialmente durante situaciones en las que puedas sentirte menos seguro de ti mismo. Este ejercicio te ayudará a desarrollar una mentalidad más asertiva y confiada.

Otra estrategia útil es analizar tus patrones de comunicación. Observa tus modelos de comunicación e identifica hábitos que podrían estar obstaculizando tu asertividad. Toma nota de las situaciones en las que tiendes a ser más pasivo o agresivo y reflexiona sobre las motivaciones y efectos de esos comportamientos. Desarrolla estrategias alternativas para responder de manera más asertiva en estas situaciones.

Finalmente, pide retroalimentación a personas de confianza sobre tu comunicación asertiva. Solicita que te observen durante las conversaciones y te proporcionen una retroalimentación honesta sobre tu nivel de asertividad. Utiliza esta información para evaluar tu progreso e identificar áreas en las que aún puedes mejorar.

Recuerda siempre que la práctica constante es fundamental para desarrollar tus habilidades de comunicación asertiva. Sé paciente contigo mismo y celebra cada pequeño progreso que hagas. Con compromiso y dedicación, te volverás cada vez más asertivo y seguro de ti mismo.

CAPÍTULO X

MÁS ALLÁ DE LA ASERTIVIDAD: CREACIÓN DE RELACIONES DURADERAS Y EXITOSAS

Asertividad y Éxito Relacional

La asertividad es una clave fundamental para el éxito de las relaciones, tanto a nivel personal como profesional. Desempeña un papel esencial en la promoción de la armonía, la comprensión mutua y la creación de vínculos significativos. Cuando se es asertivo, se es capaz de comunicar de manera clara, directa y respetuosa, facilitando una conexión auténtica con los demás.

En las relaciones personales, la asertividad es un elemento crucial para mantener una comunicación saludable y abordar los conflictos de manera constructiva. Permite expresar los propios pensamientos, sentimientos, necesidades y deseos sin miedo a ser juzgados o rechazados. Esto crea un ambiente de confianza y respeto mutuo, en el que cada uno se siente escuchado, comprendido y valorado. La asertividad fomenta una negociación justa y una resolución de problemas que tenga en cuenta las necesidades de ambas partes involucradas, promoviendo el crecimiento y la solidez de las relaciones personales.

En el contexto laboral, la asertividad desempeña un papel fundamental para el éxito de las relaciones profesionales. Permite comunicarse de manera clara y efectiva con colegas, superiores y colaboradores, facilitando la colaboración, la compartición de ideas y la resolución de conflictos. Ser asertivo permite afirmar los propios puntos de vista y competencias sin miedo a ser ignorado o superado. Esto contribuye a una mayor autoestima y confianza en uno mismo, creando un ambiente de trabajo positivo, productivo y colaborativo.

La asertividad también es una herramienta valiosa para promover la armonía en las relaciones. Permite evitar la acumulación de resentimientos, fomentando una comunicación abierta y honesta. Cuando se es asertivo, se expresa de manera directa y empática lo que se desea comunicar, evitando el pasivo-agresivo o la negación de las emociones. Esto crea un entorno en el que todos se sienten libres de expresarse y abordar los problemas de manera oportuna y constructiva. La asertividad favorece la comprensión mutua, ya que promueve una escucha activa y empática, creando un espacio donde las opiniones y sentimientos de todos son valorados y respetados.

Para desarrollar la asertividad y favorecer el éxito de las relaciones, es importante practicar algunas estrategias clave. Estas incluyen el uso de una comunicación clara y directa, la expresión de las propias necesidades y deseos de manera respetuosa, la escucha activa y empática de los demás y la gestión constructiva de los conflictos. También es útil trabajar en la confianza en uno mismo y en la autoestima, aprendiendo a reconocer y valorar las propias cualidades y competencias.

La asertividad desempeña un papel fundamental en el éxito de las relaciones personales y profesionales. Fomenta una comunicación auténtica, respetuosa y abierta, creando un ambiente de confianza y promoviendo la comprensión mutua. La asertividad permite abordar los conflictos de manera constructiva, expresar las propias necesidades y deseos de manera asertiva y crear vínculos significativos y duraderos. Desarrollando la asertividad y practicando las estrategias apropiadas, es posible construir relaciones exitosas basadas en la confianza, la comprensión y el respeto mutuo.

El Mantenimiento de las Relaciones

El mantenimiento de las relaciones es un aspecto esencial para cultivar vínculos duraderos y significativos con las personas que nos importan. Una vez establecida una conexión, es importante dedicar tiempo y energía para nutrir y preservar esas relaciones a lo largo del tiempo. Esto requiere un compromiso continuo y una conciencia de las necesidades del otro, además de una comunicación abierta y respetuosa.

Una de las estrategias clave para el mantenimiento de las relaciones es el "check-in" regular. Esto implica tomarse el tiempo para comunicarse con las personas importantes para nosotros, preguntar cómo están y escuchar atentamente sus respuestas. Esto nos permite mostrar interés por su vida y demostrar que estamos presentes y disponibles para apoyarlos. El check-in puede hacerse a través de una llamada telefónica, un mensaje o un encuentro en persona, dependiendo de las circunstancias y las preferencias de ambos.

Otro aspecto crucial en el mantenimiento de las relaciones es el aprecio mutuo. Tomarse el tiempo para reconocer y valorar las cualidades, acciones y contribuciones del otro es una manera poderosa de alimentar el vínculo y crear un ambiente de positividad. Expresar gratitud y reconocimiento a través de palabras amables, gestos afectuosos o pequeños regalos puede hacer que la otra persona se sienta amada, apreciada e importante en nuestra vida.

La gestión constructiva de los conflictos es otra estrategia fundamental para mantener relaciones duraderas. Los conflictos son una parte normal de las relaciones humanas, pero la forma en que se gestionan puede marcar la diferencia entre la ruptura y el fortalecimiento de la conexión. La asertividad es una habilidad valiosa en estos momentos, permitiendo expresar nuestros puntos de vista de manera respetuosa y escuchar las perspectivas del otro con empatía. La negociación, el compromiso y la búsqueda de soluciones que satisfagan a ambas partes son elementos clave para superar los conflictos y fortalecer la relación.

Además, la comunicación abierta y honesta es un pilar del mantenimiento de las relaciones. Estar dispuesto a abordar temas difíciles, compartir nuestros sentimientos y necesidades de manera clara y escuchar activamente a los demás son habilidades cruciales para mantener un diálogo constructivo. La comunicación debe basarse en la confianza y la voluntad de escuchar sin juzgar o interrumpir. La sinceridad y la transparencia permiten construir una base sólida para una conexión duradera.

Finalmente, dedicar tiempo de calidad a las relaciones es fundamental. Encontrar momentos para compartir experiencias, intereses comunes o simplemente disfrutar de la compañía del otro ayuda a mantener vivo el vínculo. Estos momentos pueden incluir actividades como cenas juntos, excursiones, viajes o simplemente una conversación íntima y profunda. Esto demuestra la importancia que damos a la relación y refuerza el sentido de conexión mutua.

En resumen, el mantenimiento de las relaciones requiere compromiso, comunicación abierta y respetuosa, aprecio mutuo y gestión constructiva de los conflictos. Cuidar las relaciones importantes en nuestra vida requiere tiempo, energía y empatía, pero los resultados son relaciones duraderas, significativas y satisfactorias.

Crecimiento y Cambio en las Relaciones

Las relaciones son dinámicas y están sujetas a cambios a lo largo del tiempo. Pueden evolucionar, crecer y enfrentar desafíos que requieren adaptación y flexibilidad por parte de ambas partes involucradas. La comunicación asertiva desempeña un papel crucial en la navegación de estos cambios y en la promoción de relaciones saludables y duraderas.

Cuando las relaciones evolucionan, es importante estar abiertos al cambio y al crecimiento. Las personas cambian con el tiempo, adquieren nuevas perspectivas, enfrentan nuevos desafíos y desarrollan nuevos intereses. La asertividad permite a las personas expresar sus cambios y comunicar claramente sus necesidades y deseos. Esto crea un ambiente de apertura y comprensión mutua, permitiendo que las relaciones se adapten y crezcan juntas.

La asertividad puede ayudar a gestionar eficazmente los momentos de transición en las relaciones. Estos pueden incluir cambios en el nivel de compromiso, en la comunicación, en los objetivos o en las expectativas. Por ejemplo, puede ser necesario afrontar una fase de transición en la relación, como pasar de la etapa de citas a una relación más seria, o enfrentar una situación en la que ambas partes tienen objetivos y deseos diferentes. En estos momentos, la asertividad permite comunicar de manera respetuosa y honesta, abordando los cambios de manera constructiva y buscando soluciones que satisfagan a ambas partes.

La comunicación asertiva también ayuda a gestionar los conflictos que pueden surgir durante la evolución de las relaciones. Es normal que surjan diferencias de opinión, deseos contrastantes o necesidades diferentes. Sin embargo, lo importante es abordar los conflictos de manera saludable y constructiva. La asertividad permite a las personas expresar sus puntos de vista de manera respetuosa y escuchar activamente las perspectivas del otro, buscando soluciones que tengan en cuenta las necesidades de ambos. Esto ayuda a prevenir la acumulación de resentimientos y malentendidos que pueden dañar la relación a largo plazo.

Además, la asertividad promueve el crecimiento individual dentro de las relaciones. Cada persona tiene necesidades, deseos y objetivos personales que pueden cambiar con el tiempo. La asertividad permite a las personas comunicar de manera clara y abierta lo que necesitan para su propio desarrollo personal. Esto permite que las relaciones sean espacios de apoyo mutuo, en los que ambas partes se animan a perseguir sus propios objetivos y a crecer como individuos.

Finalmente, la asertividad facilita la creación de límites saludables en las relaciones. A medida que las relaciones evolucionan, puede ser necesario redefinir los límites personales para garantizar el bienestar individual y colectivo. La asertividad nos permite expresar nuestras necesidades y negociar límites que respeten a ambas partes, creando un ambiente en el que haya espacio para la autonomía y el respeto mutuo.

La asertividad desempeña un papel crucial en la gestión de los cambios y en la promoción del crecimiento dentro de las relaciones. Permite a las personas comunicar de manera clara, respetuosa y efectiva, facilitando la navegación de los momentos de transición, la gestión de los conflictos y la creación de límites saludables. A través de la asertividad, las relaciones pueden evolucionar de manera positiva, permitiendo a ambas partes crecer, aprender y apoyarse mutuamente a lo largo del camino.

Asertividad y Trabajo en Equipo

La asertividad desempeña un papel fundamental en mejorar la dinámica del trabajo en equipo, creando un ambiente donde los miembros se sienten respetados, valorados y animados a contribuir al máximo de sus capacidades. Cuando los miembros de un equipo se sienten capaces de expresar sus opiniones, necesidades y preocupaciones de manera clara y respetuosa, se establece una base sólida para una colaboración efectiva y la resolución de problemas.

Una de las claves de la asertividad en el trabajo en equipo es la comunicación abierta y honesta. Las personas asertivas se sienten seguras al expresar sus ideas y escuchar las de los demás sin temor a juicios o críticas. Esto crea un ambiente de diálogo abierto e inclusivo, donde se consideran y valoran diferentes perspectivas. La asertividad fomenta la confianza entre los miembros del equipo, ya que se crean relaciones basadas en el respeto mutuo y la escucha activa.

Además, la asertividad facilita la gestión de conflictos dentro del grupo. Los conflictos son inevitables en cualquier entorno laboral, pero la asertividad permite abordarlos de manera constructiva. Las personas asertivas son capaces de expresar sus preocupaciones y opiniones de manera directa y respetuosa, sin evitar el enfrentamiento ni suprimir sus necesidades. Esto favorece la resolución de conflictos de manera oportuna y eficaz, minimizando las tensiones internas y permitiendo al equipo centrarse en los objetivos comunes.

La asertividad también promueve la responsabilidad individual y colectiva dentro del equipo. Las personas asertivas pueden tomar iniciativas, asumir la responsabilidad de sus tareas y contribuir activamente al éxito del equipo. Comunican de manera clara y directa sus expectativas y límites, permitiendo a los demás miembros comprender las expectativas y colaborar de manera constructiva. Esto lleva a un mayor sentido de responsabilidad y compromiso por parte de todos los miembros del equipo, fomentando un clima de trabajo positivo y productivo.

La comunicación asertiva también favorece el desarrollo de competencias de liderazgo dentro del equipo. Las personas asertivas pueden asumir roles de liderazgo de manera efectiva, comunicando las direcciones, inspirando a otros y delegando tareas de manera equitativa. Son capaces de tomar decisiones informadas y guiar al equipo hacia los objetivos comunes, manteniendo al mismo tiempo un clima de respeto y colaboración. La asertividad en las competencias de liderazgo ayuda a crear un entorno donde cada miembro del grupo se siente valorado y motivado para dar lo mejor de sí.

Además, la asertividad en el trabajo en equipo fomenta la creatividad y la innovación. Las personas asertivas se sienten libres de expresar nuevas ideas, sugerencias y soluciones creativas, confiando en que su contribución será recibida con respeto y consideración. Esto crea un ambiente en el que el equipo puede aprovechar al máximo el potencial de cada miembro, estimulando la generación de ideas innovadoras y promoviendo la evolución y el progreso del equipo.

La asertividad en el trabajo en equipo favorece la comunicación abierta y respetuosa, la gestión constructiva de conflictos, la responsabilidad individual y colectiva, el desarrollo de competencias de liderazgo y la promoción de la creatividad y la innovación. Integrar la asertividad en el trabajo en equipo crea un ambiente en el que los miembros del equipo pueden colaborar de manera efectiva, alcanzando resultados exitosos y promoviendo un sentido de pertenencia y satisfacción.

Asertividad y Liderazgo

La asertividad desempeña un papel crucial en el desarrollo de las competencias de liderazgo, ya que influye en la capacidad de gestionar conflictos, motivar al equipo y negociar de manera efectiva. Un líder asertivo es capaz de comunicarse de manera clara y respetuosa, estableciendo límites saludables y promoviendo una cultura de apertura y colaboración.

Uno de los aspectos clave de la asertividad en el liderazgo es la gestión de conflictos. Los conflictos pueden surgir dentro de un equipo o entre los miembros del equipo y otras partes interesadas. Un líder asertivo es capaz de abordar los conflictos de manera oportuna y justa, creando un ambiente donde se escuchan y respetan las diferentes perspectivas. Comunicándose con claridad y escuchando activamente, un líder asertivo puede facilitar la búsqueda de soluciones que satisfagan las necesidades de todas las partes involucradas. Esto contribuye a crear un ambiente de trabajo armonioso y promueve la cohesión y la colaboración del equipo.

Además, la asertividad es fundamental para motivar al equipo. Un líder asertivo sabe inspirar y motivar a los miembros del equipo, comunicando los objetivos de manera clara y convincente. La asertividad permite al líder reconocer las habilidades y fortalezas de los miembros del equipo y delegar responsabilidades de manera equilibrada, creando un sentido de confianza mutua. Comunicándose de manera abierta y honesta, un líder asertivo puede proporcionar retroalimentación constructiva y aliento, estimulando la mejora del rendimiento individual y colectivo. Esto crea un ambiente donde los miembros del equipo se sienten valorados y motivados para dar lo mejor de sí mismos.

La asertividad es también un elemento clave en la negociación. Un líder asertivo es capaz de negociar de manera efectiva, buscando acuerdos beneficiosos para todas las partes involucradas. Comunicándose de manera clara y persuasiva, un líder asertivo sabe expresar sus necesidades y escuchar activamente las preocupaciones de los demás. La asertividad permite mantener un equilibrio entre el logro de los objetivos del equipo y la preservación de las relaciones interpersonales, facilitando la creación de acuerdos win-win. Un líder asertivo sabe gestionar situaciones de negociación complejas, manteniendo el control emocional y proponiendo soluciones creativas e innovadoras.

La asertividad es un elemento crucial para el desarrollo de las competencias de liderazgo. Un líder asertivo es capaz de gestionar los conflictos de manera constructiva, motivar al equipo y negociar de manera estratégica. La asertividad permite una comunicación efectiva, basada en el respeto mutuo y la escucha activa. Un líder asertivo crea un ambiente de trabajo saludable y motivador, donde los miembros del equipo se sienten valorados y comprometidos en el logro de los objetivos comunes. Integrando la asertividad en el liderazgo, se crea un ambiente de colaboración y crecimiento en el que el equipo puede sobresalir y alcanzar resultados exitosos.

Conclusión y Pasos Futuros

Al concluir este libro, es importante hacer un resumen de las principales lecciones aprendidas sobre la comunicación asertiva y reflexionar sobre cómo podemos seguir desarrollando estas habilidades y construir relaciones exitosas en el futuro.

Durante nuestro viaje de descubrimiento de la comunicación asertiva, hemos explorado los fundamentos de esta forma de comunicación, aprendiendo que se basa en el respeto por uno mismo y por los demás, la honestidad y la transparencia. Hemos entendido que la comunicación asertiva es un puente que nos conecta con una comunicación eficaz, mejorando nuestras relaciones interpersonales y nuestro crecimiento personal.

Hemos examinado los desafíos comunes que encontramos al comunicar de manera asertiva, como el miedo al rechazo y la superación de viejos hábitos de comunicación. Sin embargo, también hemos aprendido que estos desafíos pueden ser afrontados con las estrategias correctas y la práctica constante.

Hemos discutido los beneficios de la comunicación asertiva, como la mejora de las relaciones interpersonales, el respeto mutuo y la reducción del estrés. Descubrimos que la asertividad nos permite expresar claramente nuestros pensamientos y sentimientos, establecer límites saludables y negociar de manera constructiva.

También hemos analizado cómo la asertividad puede aplicarse en diferentes contextos, como el trabajo en equipo, las relaciones personales y el liderazgo. Aprendimos que la asertividad es una herramienta poderosa para gestionar conflictos, motivar al equipo y negociar de manera efectiva. Además, comprendimos que la asertividad contribuye a nuestro éxito relacional, creando armonía, comprensión y colaboración.

Para continuar desarrollando nuestras habilidades de comunicación asertiva y construir relaciones exitosas, hay algunos pasos futuros que podemos seguir. En primer lugar, es importante practicar constantemente las técnicas de comunicación asertiva. Podemos hacer ejercicios de role-playing, participar en cursos de comunicación o trabajar con un coach para perfeccionar nuestras habilidades.

Además, es esencial seguir cultivando la conciencia de nosotros mismos, nuestras emociones y nuestras necesidades. La autoconciencia nos ayuda a comunicar de manera auténtica, a identificar cuándo debemos decir "no" y a tomar decisiones basadas en nuestra integridad personal.

Otro paso importante es comprometernos con el trabajo continuo en nuestra autoestima. Una autoestima saludable nos da confianza en nuestras capacidades y nos permite defender nuestros derechos y opiniones de manera asertiva. Podemos trabajar en prácticas de autorreflexión y cuidado personal que nos ayuden a desarrollar y mantener una visión positiva de nosotros mismos.

Finalmente, debemos intentar aplicar los principios de la asertividad en todos los aspectos de nuestra vida cotidiana. Podemos hacerlo en nuestras interacciones con familiares, amigos, colegas e incluso con nosotros mismos. La asertividad es una habilidad que podemos cultivar y mejorar continuamente, y es una inversión que trae beneficios duraderos en nuestra vida.

El viaje hacia la maestría relacional a través de la comunicación asertiva es un camino rico en descubrimientos y crecimiento personal. Hemos aprendido a definir nuestra voz, a comunicar de manera efectiva y a construir relaciones exitosas. Manteniendo viva la práctica de la asertividad, podemos seguir desarrollándonos como individuos y crear conexiones significativas con los demás. Llevemos estos aprendizajes con nosotros y abracemos el potencial ilimitado de la comunicación asertiva en nuestras vidas futuras.

Queridos lectores, les agradezco de corazón por haber elegido emprender este viaje conmigo. Espero que las páginas de este libro hayan iluminado su camino hacia una comunicación más auténtica y gratificante. Les invito cordialmente a compartir su experiencia a través de una reseña, ya que sus comentarios son una guía valiosa para mí como autor. Juntos, podemos construir un futuro en el que la comunicación asertiva esté al alcance de todos, contribuyendo a crear vínculos más sólidos y un crecimiento personal duradero. Gracias nuevamente por su apoyo y confianza. Que su camino esté iluminado por continuos descubrimientos y realizaciones.

Con gratitud,

Alessio Bianco.